城市轨道交通高质量发展与精细化提升方法和创新实践丛书

城市轨道交通
接驳及其空间品质提升方法体系研究与应用

Research and Application of
Urban Rail Transit Connection and Space Quality Improvement Method System

郭可佳　李　芳　范　瑞　著
张亚男　陈　琳

U0405644

人民交通出版社股份有限公司
北京

内 容 提 要

本书系统概述了城市轨道交通接驳及其空间品质提升的内涵,探索了以城市轨道交通车站站前广场、接驳设施及周边的其他公共空间为载体的接驳空间品质提升策略,制定了交通接驳和一体化空间品质提升工作新框架。书中还结合作者多年来在城市轨道交通接驳及其空间品质提升方面大量的项目实践,归类介绍了城市轨道交通新建类车站、改造更新类车站、市域(郊)铁路车站设计与建设实例。

本书可供从事城市轨道交通接驳规划与设计的相关领域工作人员参考。

图书在版编目(CIP)数据

城市轨道交通接驳及其空间品质提升方法体系研究与应用/郭可佳等著. —北京:人民交通出版社股份有限公司, 2021.12

ISBN 978-7-114-17202-1

Ⅰ.①城… Ⅱ.①郭… Ⅲ.①城市铁路—轨道交通—资源配置—研究 Ⅳ.①U239.5

中国版本图书馆 CIP 数据核字(2021)第 256180 号

Chengshi Guidao Jiaotong Jiebo ji qi Kongjian Pinzhi Tisheng Fangfa Tixi Yanjiu yu Yingyong

书　　名:	城市轨道交通接驳及其空间品质提升方法体系研究与应用
著 作 者:	郭可佳　李　芳　范　瑞　张亚男　陈　琳
责任编辑:	董　倩
责任校对:	孙国靖　扈　婕
责任印制:	刘高彤
出版发行:	人民交通出版社股份有限公司
地　　址:	(100011)北京市朝阳区安定门外外馆斜街 3 号
网　　址:	http://www.ccpcl.com.cn
销售电话:	(010)59757973
总 经 销:	人民交通出版社股份有限公司发行部
经　　销:	各地新华书店
印　　刷:	北京交通印务有限公司
开　　本:	720×960　1/16
印　　张:	13.5
字　　数:	237 千
版　　次:	2021 年 12 月　第 1 版
印　　次:	2021 年 12 月　第 1 次印刷
书　　号:	ISBN 978-7-114-17202-1
定　　价:	80.00 元

(有印刷、装订质量问题的图书由本公司负责调换)

丛书编委会

顾　问：沈景炎　全永燊　周晓勤　毛保华

主　任：刘剑锋

副主任：王　静　马海红　邓　进

委　员：郭可佳　李金海　范　瑞　张　源

　　　　张亚男　李　芳　杨冠华　陈　琳

　　　　杨　超　廖　唱　李元坤　胡进宝

　　　　王　俊　丁　漪　刘　畅

丛书序
PREFACE

沈景炎
北京城建设计研究总院原副院长
原建设部地铁与轻轨中心总工

"十四五"期间是城市轨道交通建设从高速度向高质量发展的关键转型阶段，迫切需要以新理念、新思路来引导做好轨道交通规划设计。针对这些新问题和新要求，丛书的编写人员基于大量实地调研，结合在城市轨道交通规划和设计中的经验总结和技术提炼，将理论技术与工程实践有机结合，对上述重点难点问题进行了研究与解答，对城市轨道交通前期规划设计及后期运营改造均具有较强的指导价值，可为我国城市轨道交通行业向高质量与精细化方向发展提供经验借鉴。

丛书编写委员会在总结我国城市轨道交通发展历程的基础上，全面审视行业发展面临的问题，结合城市轨道交通在新时代的发展要求，围绕"高质量发展与精细化提升"编写了本套丛书。丛书内容涵盖了TOD规划、需求预测、交通接驳、效果评估、客流分析、更新改造等多个热点方向，内容丰富全面，论述严谨详尽，同时提供大量参考案例，可为城市轨道交通发展战略及政策决策提供参考与支撑，值得城市轨道交通规划、设计、建设等从业人员开展相关工作进行参考借鉴。

全永燊
北京交通发展研究院名誉院长

党的十九大和十九届五中全会指出我国已由高速增长阶段转向高质量发展阶段,"高质量发展与精细化提升"将成为我国城市轨道交通未来发展的重点。丛书结合城市轨道交通高质量发展与精细化提升的需求,分别从实施效果评估、既有网络优化、需求预测分析、交通接驳设计、站城一体规划、运行特征分析等方向展开研究,并结合丰富的应用实践总结出可为行业发展提供借鉴的经验,为城市轨道交通高质量发展与精细化提升做出了有益探索。

周晓勤
中国城市轨道交通协会常务副会长

丛书从多个角度深入探讨了城市轨道交通前期研究与规划设计过程中实现高质量发展与精细化提升的措施与方法,整套丛书各分册内容相互关联又自成体系,具有完整的知识结构和较为丰富的内容,既注重介绍基础知识,又能反映研究领域内的创新成果,文字深入浅出,简明扼要。同时,丛书精心安排了大量专业、有针对性的实际案例,实用性较强,可为不同背景的读者提供较好的借鉴和实践指导。

毛保华
北京交通大学中国综合交通
研究中心执行主任
《交通运输系统工程与信息》期刊主编

丛书前言

经过十余年的快速发展,我国城市轨道交通已运营线路规模不断扩大,在规划、建设和运营等环节积累了丰富的理论基础和实践经验,取得了令世人瞩目的成就。与此同时,我们也面临快速发展带来的诸多挑战,如城市轨道交通未与国土空间同步协调发展、部分老线运力缺口较大、运营管理与乘客服务水平不足等诸多问题。当前,我国已由高速增长阶段转向高质量发展阶段,这要求把城市轨道交通高质量发展摆在更为突出的位置,而高质量发展不只是简单的经济性要求,也不只是单纯的工程技术问题,它涉及在我国国情背景下经济、社会、文化、生态和工程技术的深度融合。毋庸置疑,高质量发展与精细化提升将成为未来城市轨道交通发展的主旋律,这既是行业发展的科学规律,也是时代赋予的使命和要求。

基于上述发展阶段和趋势的判断,我们十分有必要系统总结城市轨道交通发展积累的成功经验和存在的不足,形成理论方法与工程实践相结合的系统性成果,为今后城市轨道交通规划、建设、运营等工作提供指导,支撑城市轨道交通高质量和可持续发展。

丛书编委会结合项目实践经验,围绕新时代发展中的新问题和新要求,分别从城市轨道交通网络实施效果评估、既有网络优化提升、交通需求分析与客流预测、交通接驳及其空间品质提升、轨道交通与国土空间融合发展、网络化运营客流特征分析六个方面展开研究,系统性地提出整套方法体系,并结合丰富的项目成果总结出可供行业发展借鉴的经验和启示,旨在为城市轨道交通高质量发展与精细化提升做出有益贡献!

刘剑锋
2021 年 11 月 10 日

本书前言
FOREWORD

随着我国社会发展、经济实力的不断提高,城市人口不断增多,城市发展要求具有更加完善合理的空间格局。城市轨道交通作为城市系统的重大基础设施,以自身强大的运输功能和快捷、高效、准时的特性,能够有效缓解城市发展过程中的诸多交通问题,已成为城市发展的重要支撑。随着轨道交通线网的完善,城市中的大量居住人口将会向着轨道沿线转移,"建轨道就是建城市"。因此,城市轨道交通规划应充分发挥轨道交通对城市空间结构引导、支撑土地利用和推动产业发展等方面的作用。在中国,城市轨道交通引导城市发展的理念,已成为建设中国下一代未来城市的一种启迪。

与此同时,提升城市品质、建设与管理高品质的"美丽城市"是当前中国城市建设的头等大事。全面提升城市品质,要求加快转变城市发展方式,统筹城市规划建设管理,实施城市更新行动,推动城市空间结构优化和品质提升。公共空间的品质,是城市品质的重要因素之一。根据联合国人类住区规划署建议的标准,一个宜居的、运转良好的城市应有约50%的城市建成空间是公共空间。作为提升城市品质的重要关键词,提升城市公共空间品质,直接关系到城市规划建设和管理水平,并影响着居民的生活质量。

城市轨道交通车站以及站前广场和接驳设施,是城市轨道交通系统与城市公共空间的功能集中交互区域和重要形象展示区域,因此,城市轨道交通车站周边城市公共空间的建设及发展成为人们关注的话题。当前,在城市建设转入存量发展的背景下,城市的建设者们开始探索以城市轨道交通周边小微尺度的公共空间营造为基础的、渐进式、小规模介入的城市微更新模式。本书以北京城建设计发展集团近十年来在城市轨道交通接驳和城市公共空间品质提升方面的项目为基础,探索了以城市轨道交通车站站前广场、接驳设施及周边的其他公共空间为载体的城市公共空间品质提升策略,探讨了城市轨道交通项目的设计师加入公众参与及公共空间营造的方式,探索了交通接驳和一体化空间品质提升工作新框架的制定。

本书的出版,能够为我国城市轨道交通车站与城市公共空间的互动融合,交通接驳服务的改善和轨道微中心的存量规划提供可资借鉴的系列样本。

本书在编写过程中,得到了北京城建设计发展集团股份有限公司的大力支持,参加本书资料收集和相关研究工作的有李元坤、席洋、丁漪、曹苧木、廖唱、杨超等同事,在此一并表示感谢。

由于作者水平有限,书中难免存在不妥或错误之处,真诚希望广大读者提出宝贵意见。

作 者
2021 年 11 月

目录 CONTENTS

第1章 绪论

1.1 城市轨道交通接驳与空间品质提升的内涵 /3
1.2 国内城市轨道交通接驳发展沿革 /11
1.3 国际城市轨道交通接驳经验借鉴 /16
1.4 城市轨道交通接驳的技术特征 /18

第2章 基于分级分类的城市轨道交通接驳特征研究

2.1 城市轨道交通站点分级分类及接驳设施构成 /25
2.2 城市轨道交通站点接驳方式分担率预测 /33
2.3 近远期各类车站接驳客流构成分析 /39

第3章 城市轨道交通接驳设施规模匡算方法

3.1 工程不同阶段的站点接驳设计侧重点 /45
3.2 各种交通方式接驳设施环境分析 /46
3.3 各种交通方式接驳设施规模匡算方法 /49

第4章 面向系统整合的城市轨道交通接驳设施布局规划方法

4.1 规划策略与布局方法 /61
4.2 多方式系统整合与接驳设施一体化布局 /67
4.3 车站与接驳设施的交通组织优化 /69

第5章　城市轨道交通接驳空间品质提升精细化设计方法

5.1　车站公共空间交通与景观融合设计　/77

5.2　车站旅客信息引导服务一体化设计　/82

5.3　车站站前广场市政配套及附属设施设计　/83

第6章　基于多源大数据的城市轨道交通接驳设施服务水平评价

6.1　城市轨道交通接驳设施服务水平评价指标体系构建要点及原则　/95

6.2　城市轨道交通接驳设施服务水平预评估指标体系　/97

6.3　城市轨道交通接驳设施服务水平后评估指标体系　/99

6.4　基于多源大数据的北京市轨道交通全网接驳设施服务水平评价案例　/106

第7章　城市轨道交通接驳设施建设程序与体制机制保障

7.1　我国城市轨道交通基本建设程序　/115

7.2　典型城市轨道交通接驳设施建设程序　/121

7.3　城市轨道交通接驳设施建设体制机制保障　/123

第8章　项目实践集锦

8.1　城市轨道交通新建车站接驳设施设计与建设实践　/129

8.2　城市轨道交通既有车站接驳设施改造更新设计与建设实践　/150

8.3　市域(郊)铁路车站接驳设施设计与建设实践　/178

参考文献

第1章

绪论

轨道交通是城市交通的重要组成部分，构建轨道交通车站的接驳体系，已经成为轨道沿线综合交通系统优化的重要一环。城市空间品质则是我国城市建设的热点议题，提高城市空间的环境品质已经成为我国"高质量发展"和"城市双修"等城市发展战略中的重要内容。轨道交通车站的集散广场和接驳场站，是轨道交通系统与城市公共空间的功能集中交互区域和重要的形象展示区域。本章概述了轨道交通接驳与空间品质提升的内涵以及轨道交通接驳的技术特征，为轨道交通车站接驳体系的探索实践奠定基础。

1.1 城市轨道交通接驳与空间品质提升的内涵

1.1.1 基本概念

1）城市轨道交通接驳

城市轨道交通接驳，是指从轨道交通建设角度出发，为实现空中、地面、地下无缝衔接，提供满足各方式交通需求的接驳设施，使以轨道交通为骨干的多类型公共交通与慢行系统相结合，实现区域内外交通的快速疏解，从而应对进出车站的大量客流。本书中简称为轨道交通接驳。轨道交通需要通过与其他交通方式合理地衔接来整合交通资源，促进各种交通方式的合理分工，从而充分发挥自身服务水平，提高综合效益，充分挖掘城市交通运输潜能，提高自身和其他交通方式的舒适度和可达性，提高出行效率。

轨道交通接驳设计则是在轨道交通工程的规划、可行性研究和设计阶段开展的一项专业工作，通过优化整合轨道沿线交通资源配置，实现轨道交通与步行、常规公共交通、非机动车、出租汽车和小汽车等其他交通方式的衔接配合，形成优势互补、衔接顺畅的一体化交通模式，从而达到综合客运交通体系运行最优化(图1-1)。

(1) 轨道交通接驳的范畴。

轨道交通接驳通常以轨道交通车站影响范围内的六大功能区域(图1-2)，包括轨道交通车站与公交场站共同形成的交通枢纽、商务办公密集区域、公共服务和活动中心、商业餐饮等活力区域、大型居住社区和外围停车换乘目的地，作为重点研究区域，需要充分考虑步行、常规公共交通、非机动车、出租汽车和小汽车五种交通衔接方式的便利性并为其配置必需的接驳设施。

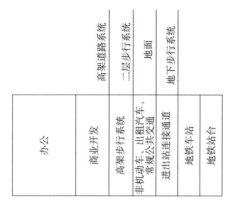

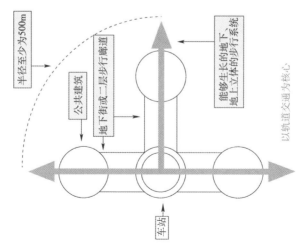

图1-1 轨道交通接驳的目的和意义

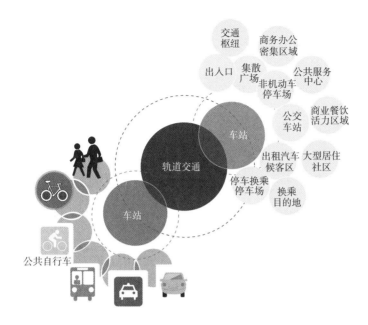

图1-2 轨道交通接驳系统构成示意图

（2）轨道交通接驳系统的优化策略和原则。

轨道交通接驳系统的优化策略和原则通常是依据各种交通方式的不同特点而分别制定的。具体可分为步行、常规公共交通、非机动车、出租汽车和小汽车五种定制化的不同原则(图1-3)。

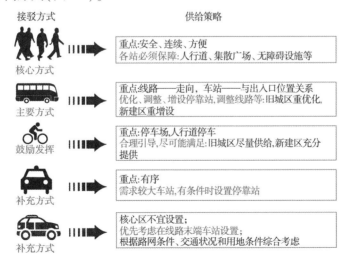

图1-3 轨道交通接驳设计原则

①步行。步行交通是轨道交通接驳的最基本的出行方式,合理设置人行道、集散广场和无障碍设施以疏导进出站客流,增加和完善人行过街设施,是优化轨道交通车站周边步行交通系统的首要任务。打造高架、地面、地下多层次立体步行网络,提高步行交通的便利性,优化步行交通接驳体验,是实现慢行友好、促进绿色交通发展的有效手段,也是近年来轨道交通接驳规划和建设的重点方向。

②常规公共交通。城市应提供与其经济社会发展相适应的多样化、高品质、有竞争力的城市公共交通服务,各种方式的城市公共交通应一体化发展。修建轨道交通的城市,应根据轨道交通网络的建设与开通,及时调整公共汽电车系统。调整的原则是强化常规公共交通对轨道交通的客流喂给和疏散功能,调整的内容主要是增设停靠站、调整线路走向等。

③非机动车。在大中型城市,适宜的非机动车出行距离为1~4km。在我国地形平缓的大型城市中,利用非机动车接驳轨道交通出行的方式十分普遍。近年来,随着共享单车的出现,利用共享单车接驳轨道交通出行的方式则更为常见。在旧城区、中心城区,应结合轨道交通车站周边用地情况,合理设置非机动车停车区域,尽量满足需求供给;在外围新城,应设置规模充足、停放条件较好的非机动车停车场,以扩大轨道交通的服务范围和层次。

④出租汽车。出租汽车作为客运系统的必要补充,能够为乘客提供交通出行方面的便利。近年来,随着居民收入水平的提高,在我国大城市利用巡游出租汽车、网络预约出租汽车(以下简称网约车)接驳轨道交通出行的方式也越来越普遍。在车站50m范围内,在不阻挡人流、确保安全的原则下,可以适当设置巡游出租汽车和网约车停靠位,以满足接驳需求。

⑤小汽车。虽然小汽车是客运系统的必要补充,但为避免中心城区干道交通压力,通常在城市中心城区轨道交通车站附近,不设置换乘停车场(以下简称P+R停车场)。在外围新城则可以考虑设置截流功能的P+R停车场,以屏蔽部分外围小汽车进入中心城区。

(3)轨道交通接驳的设施。

接驳设施是轨道交通与其他交通方式实现接驳换乘的载体,各种交通方式的接驳设施构成如图1-4所示。不同类型的接驳设施占用城市建设用地的规模不同,设置难易程度也有所不同。

①步行设施,主要包括城市道路内的人行道、轨道交通车站外的集散广场和过街设施。

人行道主要用来集散轨道交通乘客,一般以不穿越城市主干道为原则,减少与其他交通方式的交织,保证行人安全、交通通畅;道路两侧还应考虑景观建设的需求。

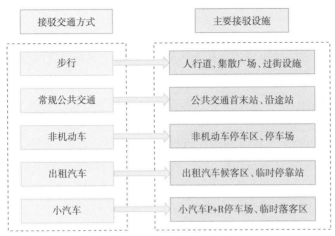

图 1-4 轨道交通接驳设施构成

集散广场主要用来为进出站乘客提供短暂聚集、分散的空间,原则上每个轨道交通车站出入口都需要设置集散广场,并应根据客流规模确定集散广场的规模。北京市轨道交通车站的通常做法是在每个出入口外台阶下外延 8m 的范围设置集散广场。

过街设施主要包括人行横道、过街天桥和地下通道,通常在轨道交通车站周边,根据道路交叉口形态或行人过街的需要设置。过街设施的设置应当注重保障残疾人无障碍通行的需求。

②公共交通首末站、沿途站,是指用以接驳轨道交通车站的常规公共交通场站。

首末站的选址会受到公交线网布局、周边道路网建设,以及交通政策、经济和城市建设目标等因素的影响。因轨道交通与常规公共交通的接驳换乘规模较大,首末站内部应为待发车辆设置足够的停车位和待发车位,以及宽度适宜的内部道路。

沿途站一般布置在道路交叉口附近,且为避免影响交叉口的通行秩序,一般距离交叉口超过 50m。同时,在符合规范的情况下,应按照客流方向靠近轨道交通车站出入口布置,且为减少换乘距离,最远步行距离不超过 150m。另外,应尽可能规划公交专用车道、设置港湾式停靠站,保证公交接驳线路的稳定性和高效性。

③非机动车停车区、停车场。非机动车停车区、停车场的规模应综合考虑轨道

交通车站的客运量、周边用地性质、附近公共交通发达程度等因素,具体根据需求和车站周边用地供给状况确定。非机动车停车区、停车场应避免对周围道路及交叉口造成干扰,易于交通集散;尽可能采取分散布置方式,以利于各方向的换乘客流;由于非机动车体积较小、停车方便,通常尽量采取灵活多样的停车形式;可以利用较宽的人行道设施带设置路边停车区域,或与绿化结合设置绿化停车场,或在占地面积不变的情况下向地下和地上发展多层立体的停车场,或结合周边公共建筑配建停车场。

④出租汽车候客区、临时停靠站。在用地条件较为宽松的车站周边,可以根据接驳换乘规模、功能需求和道路条件,设置出租汽车候客区,方便乘客换乘和等候出租汽车。在用地紧张的城市中心区,通常不设置规模较大的出租汽车候客区,而是利用城市道路设置出租汽车临时停靠站,划定停车泊位、规定停靠时长,从而理顺车站周边的出租汽车接驳换乘秩序。

⑤小汽车 P+R 停车场、临时落客区。设置小汽车 P+R 停车场,需要综合考虑轨道交通车站的所在区域、道路网条件、接驳客流需求、周边用地条件以及周围已有停车场等因素;应制定合理的换乘停车收费标准,加强停车管理,保证停车安全。在城市中心区则通常根据需要,设置小汽车临时落客区,也可以与出租汽车共用,节约道路用地。

2)接驳空间品质提升

(1)接驳空间品质的含义。

接驳空间品质是轨道交通站点外在空间景观质量和内在人文精神品位的综合反映,具体体现为城市轨道交通接驳空间各组成要素在"量"和"质"两方面,对城市人群和城市社会经济发展的适宜程度。高品质的接驳空间不仅为社会生活和各种活动的开展提供了必要的场所,而且对提高市民生活质量起到了积极的作用。接驳空间品质的内涵包括优美的接驳环境、可感知的历史环境和多样性的接驳场所三个方面。

①优美的接驳环境。欲使交通接驳场所更加丰富多彩和文明健康,就必须用生态学的视角去重新发掘我们日常交通接驳场所的内在品质和特性。由此可见,高品质的接驳空间设计必须是以周的边自然环境为基础的。自然环境是接驳空间的组成部分,自然环境越优美,接驳空间的品质越卓越。

②可感知的历史环境。"千篇一律"和"千城一面"的交通接驳问题,使得轨道交通站点失去了个性和辨识度,城市文化无法被感知和传承,接驳空间缺乏内涵,市民的归属感逐渐丧失。接驳空间要结合已有的历史文化遗迹,创造独具特色的

接驳文化空间,让本地市民产生强烈的归属感和荣耀感。

③多样性的接驳场所。接驳空间实际上是人为的公共开放空间,为人们提供公共活动的场所,影响着人们对接驳空间品质的感知。交通接驳设计的关键在于如何从接驳空间的安排上保障各种交通方式的交织,进而从城市空间结构上实现人类不同价值观的共存。目前,许多城市轨道交通站点接驳设计缺乏对微观层面的精细化设计和人际交往场所空间的考虑。因而,接驳空间设计应以人为中心,服务于不同年龄、不同职业的人。

(2)接驳空间品质治理提升理念。

近年来,在城市建设转入存量发展的背景下,需要从治理和提升的角度出发,探讨城市治理与轨道交通接驳空间品质提升相关的议题,从而实现接驳空间品质的实质性提升,创造更广泛的社会、生态与经济效益。渐进式、小规模介入的城市微更新模式更为适合当前发展的需要。在接驳空间品质治理提升理念方面,接驳空间治理模式的"三个回归"是较新的思路。

①回归以人为本。对于公共空间治理的认知从注重物理空间转向关注社会空间,实现人民美好生活的空间需求和向往。

②回归可持续发展。将接驳空间视作创新驱动与构建生态文明的核心要素,为城市发展的国际共识和趋势提出地方对策。

③回归接驳空间本体。基于对接驳空间现状问题及其制约因素的深度剖析,通过政策和技术引导重建其公共性与多样性。

基于此,接驳空间治理的四大理念也应随之转变,分别从"重视物质空间环境改善"向"全面关注人的真实需求和生活方式"转变、从"工程四线管控"向"整体化空间管控"转变、从"城市建设的附属性提质要素"向"城市发展的核心性驱动要素"转变、从"提供生活服务的配套设施"向"构建生态文明的重要载体"转变。

综上,接驳空间品质治理应当采用"公共性、多样性、协同性"的治理原则,将接驳空间塑造成为"体现社会公平的开放之处、承载勃勃生机的魅力之所、包容多元价值的创新之地、实现人人营城的和谐之境"。

(3)空间品质提升的分类要点。

城市开放空间是指城市公共外部空间,包括自然风景、广场、道路、公共绿地和休憩空间等;也包括自然开放的被动性空间和人工开放的主动性塑造空间,如城市山水景观形成的本底空间是自然开放空间,道路、广场、公共绿地等是人工开放空间。城市公共空间往往指可达性良好、尺度宜人,以步行为主的场地、相关设施及相邻建筑(构筑物),是城市空间的最主要表现形式。

接驳空间的改造提升，则是对接驳空间实施补充公共设施、提升景观绿化、优化市政交通、丰富文化内涵等改造提升，打造功能完善、环境优美、便捷舒适的接驳空间标杆性、示范性工程。由于接驳空间往往是居民、乘客穿行的区域，因此通过对接驳空间改造提升，往往能迅速有效地提升人们对城市空间品质的认知和感受，从而进一步实现接驳空间品质的实质性提升，创造更广泛的社会、生态与经济效益。

1.1.2 互动关系

轨道交通接驳设施，特别是集散广场和各类接驳场站，是城市公共空间中广场空间和绿地空间的重要组成部分，对于街道空间的整体品质也有一定的影响。因此，提升轨道交通接驳设施的服务水平，对于提升城市公共空间品质有较为突出的影响和积极的作用。

1）轨道交通接驳设施是城市公共空间的缩影

轨道交通接驳设施有硬化场地、绿化、标志标示、照明设施和监控设施等，具有组成元素丰富、使用人数众多的特点。轨道交通接驳设施具有公共属性，作为可驻留的场所，是城市公共空间的重要组成部分，因此，其品质高低是城市公共空间品质的集中缩影。

2）接驳服务质量是接驳空间品质提升的重要突破口

轨道交通的集散广场在安全集散、交通组织、景观形象、市容秩序等方面，均容易暴露出很多短板。

首先，轨道交通网络是分阶段建设的，各线路建设时期和建设标准不同，随着轨道交通网络客流的大幅攀升，许多旧线显现出了矛盾和问题。以北京为例，迫于运力运量和既有设施的供需矛盾，约五分之一的车站实施高峰限流。由于早高峰进站客流规模大，站外候检客流规模也明显增加，突显出站前广场规模不足、候检区域秩序有待进一步理顺、站外设施环境有待提升、交通接驳设施有待改善、道路交通运行状况有待优化等问题。

其次，国内城市交通出行特征不断变化，共享单车等新型交通形式的涌现，给既有的轨道交通接驳体系造成严峻考验。骑共享单车到轨道交通车站已成为市民通勤的日常选择，轨道交通站点非机动车接驳比例往往超过10%。但站前广场以及车站周边城市道路被大量的共享单车挤占，形成了新的城市交通问题，同时也给城市风貌和秩序造成了较大影响。

此外，由于建设主体不一、管理机构多元，集散广场和接驳设施往往建设标准较低、管理维护低效,许多既有设施年久失修、面貌落后,成为"脏、乱、差"的问题集中区域。作为乘客进出轨道交通车站的必经之路、轨道交通的门户区域,城市公共空间的重要组成部分,站前广场和接驳设施对景观形象、市容市貌有一定的影响,应当予以充分重视。

因此,许多城市和地区将轨道交通接驳服务质量提升作为城市品质提升的重要突破口。在《北京城市总体规划(2016—2035年)》中,轨道交通被赋予更高的发展目标,并明确提出"充分发挥轨道交通、交通枢纽的综合效益。加强轨道交通站点与周边用地一体化规划及场站用地综合利用。提高客运枢纽综合开发利用水平,引导交通设施与各项城市功能有机融合"。以此为指引,北京市逐站梳理现状40座车站及周边500m范围内情况,查找问题和短板,从管理政策、协调机制、规划计划、建设实施等方面提出针对性意见和解决措施,积极探索通过技术改造轨道交通接驳设施来实现城市更新和品质提升的路径。

2020年,北京市又提出建设轨道微中心的概念。轨道微中心是具备场所感和识别性的城市地域空间,微中心与轨道站点充分融合、互动,可达性高,土地集约化利用程度高,具有多元城市功能;在微中心的范畴内,轨道交通接驳设施也是重要的组成要素,是规划、建设和改造的重点问题。

由上述分析可见,城市管理者已经认识到,交通接驳设施服务提升对于轨道交通体系、城市公共空间品质的提升具有突出影响和积极作用,可以成为城市品质提升的重要突破口。

1.2 国内城市轨道交通接驳发展沿革

近年来,我国的城市建设已经由原有的扩张阶段,转入存量提质增效阶段。相应地,我国各大城市的轨道交通也进入了新的发展时期,向着更加注重与城市功能融合的精细化方向发展,轨道交通接驳体系建设情况也相应地发生了较大变化。纵观近年来国内不同轨道交通工程实践情况,总结轨道交通接驳的发展沿革,分析发展趋势和新动态,可为更科学地推进轨道交通接驳工作提供参考。

1.2.1 北京市轨道交通接驳的发展历程分析

北京不仅是国内最早开通轨道交通的城市,也是开展轨道交通接驳工作比较早的城市,因此以北京为例研究国内轨道交通接驳的产生和发展具有典型意义。

北京市轨道交通接驳发展主要经历了空白期、萌芽期、蓬勃发展期和相对成熟期四个阶段。

1）第一阶段：空白期

在北京市轨道交通建设发展的初期，因为轨道交通并不是市民通勤的主要交通方式，所以轨道交通1号线、2号线（环线）和复八线均未考虑交通接驳问题。轨道交通接驳以自发需求为主，且往往通过后期建设弥补不足（图1-5）。

图1-5　轨道交通2号线交通接驳缺乏系统规划

2）第二阶段：萌芽期

2004年初至2009年10月，北京市轨道交通建设发展进入了集中建设时期，轨道交通5号线、10号线、机场线和4号线均以2008年北京奥运会为契机快速同步建设。同时也开始重点关注轨道交通的无障碍设计和接驳问题，轨道交通建设单位提出了优化营造站前环境和配置接驳设施等要求，各个车站的集散广场和接驳设施也均同步投入使用，取得了较为良好的建设效果（图1-6）。

图1-6　轨道交通10号线的接驳设施

3)第三阶段:发展期

2009年至2016年,随着5条外围轨道交通线(房山线、大兴线、亦庄线、15号线和昌平线)的开通,北京市轨道交通逐步理顺了交通接驳规划设计审批与建设实施机制,把接驳作为轨道交通建设项目的重要专题。利用建设16号线的契机,在前期规划阶段就同步开展交通接驳规划并做好用地预留,并进行了交通一体化研究和探索(图1-7)。这一时期也开展了许多既有接驳设施的改造提升工作。轨道交通接驳从规划理念、技术方法,乃至管理分工、工作程序都进一步完善,对城市交通综合运输体系的发展做出了贡献。

图1-7 轨道交通16号线的交通一体化探索

4)第四阶段:相对成熟期

2017年至今,北京市轨道交通建设发展进入了高质量发展时期。在当前阶段,北京市更加重视、强调设计理念的创新,强调接驳设计需要符合《北京城市总体规划(2016—2035年)》对于北京市综合交通发展的要求。2019年开通的大兴国际机场线一期工程(图1-8)、八通线南延、7号线东延等线路,在交通接驳的设计过程中都非常重视对于安全、绿色、智慧和人文等要素的落实,重视接驳方案与一体化设计的融合。

1.2.2 国内其他城市轨道交通接驳的发展情况

当前,全国各个城市在轨道交通的建设过程中,均十分重视交通接驳这一问题,北京、深圳、成都、重庆、南京等多个城市相继发布了地方指南或标准,从技术层面进行规范;在编制体系和审批流程上,逐步形成了分阶段、渐进式,且与轨道交通规划建设程序相同步的行业共识。此外,轨道交通接驳的规划设计理念也呈现出了新时期的特征,从以往过于强调交通功能的系统性向更加注重与城市功能融合的综合性理念发展。为确保轨道交通能够取得较好的客流效益,呼和浩特(图1-9)和海口等城市在轨道交通线路开通之前,均设置了交通接驳一体化的专题项目,以完善车站周边路网、同步建设交通接驳设施和调整公交线路,取得了较好的实施效果。

图1-8　大兴国际机场线一期工程草桥站的接驳设施

图1-9　呼和浩特市轨道交通1号线接驳设施

1.2.3　城市轨道交通接驳面临的新形势和新挑战

1)深入加强轨道交通线网与公交线网的融合

开通运营轨道交通的城市出现常规公共交通线路客流下降是普遍现象。上海的地面公交日客运量从2011年770万人次/d减少到2018年575万人次/d,下降了 25%,票务收入每年减少约 7 亿元。北京的地面公交日客运量则由 2012 年的 1412 万人次/d 减少到 858.6 万人次/d,下降了 39%。对此,建议开展轨道沿线公交线路优化调整的专题研究,深入调查研究沿线走廊客流构成(出行目的、乘客属性、常乘客比例等)、出行分布、乘距构成、接驳换乘等特征,从而优化地面公交线路布局及运营组织,做好公交站点与轨道站点的衔接,谋求轨道交通线网与公交线网的协同发展。

2)规范管理共享单车,打通"最后一公里"

共享单车自出现后,迅速成为轨道交通接驳的重要交通方式,其自由灵活、经济便捷的出行特性极大地提升了周边居民乘坐轨道交通的便利程度。资料表明,2017 年,上海市 50.2%的共享单车用户采取的是"共享单车接驳公共交通"的出行方式;2017 年 1~5 月,北京市共享单车接驳公共交通的比例在工作日占 45%,在双休日则占 43%。可见,共享单车接驳公共交通具有较好的时间优势和便捷度,共享单车逐渐成为"最后一公里"出行有效的解决方案之一。与此同时,盲目地大量投放共享单车以及管理上的缺位造成了对集散广场空间资源的肆意挤占,同时也加大了站点周边交通秩序治理的难度。因此,迫切需要从规范设施建设的角度,从共享单车接驳需求、规划布局、详细设计、管理举措等多个层面进行系统研究,变乱为治。

3)适时开展既有接驳设施改造

北京、上海等城市作为先期建设轨道交通的城市,部分既有线路由于客流规模及特征的变化、设施设备陈旧失修等问题,开始面临线路运能扩充、车站设施改造的艰难挑战。而轨道交通接驳设施作为市政道路公用设施,其设计年限一般为 15 年,因此也应适时开展优化改造提升工作。当前,北京已经在城市的中心区,特别是老旧城区,着手轨道交通车站与城市更新的同步建设。交通衔接逐渐被用作城市更新规划的执行工具,为改善街区风貌、提升城市活力发挥积极作用。未来,国内其他城市也将进入交通衔接设施的"增量建设"和"存量优化"并行发展期,并将持续较长的一段时期,应当顺应这一发展趋势,适时开展轨道交通接驳既有设施改造工作。

4)积极践行轨道交通一体化发展模式

当前,我国大城市普遍面临道路交通拥堵、土地资源紧张、环境容量受限等"大城市病",以轨道交通为核心的公共交通导向型发展模式(以下简称 TOD 模式)备受重视。高效率的交通衔接能有效扩大轨道站点的辐射范围并提升其换乘服务水平,带动周边的城市功能和土地价值提升,这是 TOD 模式成功的关键。在此背景下,轨道交通接驳开始从"交通一体化"向谋求"城市空间一体化"方向发展。如北京市轨道交通19号线和17号线都注重与一体化方案的结合,非机动车停车场不再独立占用较大规模的城市建设用地,而是结合车站站前广场和周边区域的景观方案一并设置,在确保换乘方便的同时取得较好的景观效果。未来,在高质量发展轨道交通的新趋势下,建设轨道交通车站的同时,应统筹考虑车站、集散广场和周边区域,对用地、功能、交通、景观和市政五个方面进行全面的一体化考虑,进而提升轨道交通吸引力,引导沿线居民公交出行。

1.3 国际城市轨道交通接驳经验借鉴

1.3.1 注重轨道交通接驳系统的层次与网络

步行空间是轨道交通站域公共空间系统的主要构成要素,其组织模式决定了公共空间的整体形态结构和集散换乘效率。枢纽地区城市空间的高密度特征使地面步行空间的尺度和容量受限,同时也为建立具有多层基面的步行空间提供了基础条件。更重要的是,立体步行网络能够完全实现人车分行,从而保证行人动线的连续性和步行者的安全。例如:日本大阪市梅田枢纽多元化的步行空间要素与高强度的土地开发、集约化的城市功能、复杂的人流和多变的环境等外部因素相互适应,形成具有独特结构逻辑和场所品质、包含"地下—地面—空中"多个竖向层次的"多维一体"发展模式,不仅解决了车站地区原有的问题和矛盾,而且提升了大阪的城市形象,成为世界轨道交通枢纽开发的典范。梅田枢纽地下步行空间主要集中于轨道交通站点密集的大阪站东部和南部传统商业中心区,从20世纪60年代开始,经过"点—线—网"的漫长发展过程,形成了基于主要城市道路格局的大规模地下步行系统。

围绕轨道交通车站,以不同层次、级配的交通供给与不同发展区域相适应,轨道交通车站与不同方式汇集形成区域中心或支持区域发展。例如,截至2015年,伦敦共有45个P+R停车场,均在伦敦中央活动区以外。距市中心小于10km的占总数的6.6%;10~15km的占总数的46.6%;大于15km的占总数的46.6%。伦敦P+R停车场工作日和周末执行不同的收费标准,工作日收费较高,周末收费偏低。不同的停车场,收费也不同。P+R停车场平均收费5.4英镑/d,占伦敦每天人均可支配收入的7.26%。

1.3.2 加强空间布局的集约与整合

做好轨道交通周边的交通设施有效利用及资源的优化。不同区域的轨道交通覆盖程度存在差异,应因地制宜地设置接驳设施。结合接驳方式的特点要区别对待不同区域、不同时期设施的设置合理性,强调接驳设施空间的集约节约利用。设施设置体现以人为本的思想,方便乘客使用,适应区域发展要求。对公共交通、非机动车的接驳设置,结合不同区域交通发展导向布置,通过设施的设置弥补轨道交通自身设施缺陷和短板。

例如,东京葛西站是典型的非城市中心区具有大量通勤特点的车站,自行车接驳需求量非常大。葛西站的地下自行车停车场可停放约 6400 辆自行车,其中主要为私人自行车,以及一部分租赁自行车,停车方式包括人工和自动地下停放。自行车车库为纯地下建筑,设置了复式双层手动停放车架和 50 个小巧的 Eco Cycle 机械停车库(约能停放 6000 辆自行车),车库面积约 $6800m^2$,车均面积约 $0.72m^2$,远低于 $1.5\sim2.2m^2$/车的标准;深度达 15m,其中包含 4m 深的负一层和 11m 深的自动机械停车库。自行车车库共设有 6 个通向地面的入口,其中 4 个为车行出入口,2 个为人行出入口。出车站后 10m 之内便可进入车库,全程有顶棚遮盖。骑行者通过坡道可以推着自行车进入停车场,离开停车场时,坡道边缘设置有自行车输送带,减轻了使用者的负担。

葛西站地下自行车车库之上,是站前公交总站。公交总站和自行车车库立体叠合建设,占地面积约 $3700m^2$。葛西站周边城市空间为密度较高功能完整的居住区,公交总站成为站点周边方圆 200m 内的最大城市开放空间。该站设置六条停车道和七个月台。出行者从站点各个出口到月台,步行距离均不超过 50m,进入公交站和车流产生冲突的节点,均设置有鲜明的过街标识。公交从两个方向的主干道各自驶入限定的停靠区,减小了和城市车流的冲突。这种利用城市开放空间设置公交总站的方法,不需要独立的站房和统一调度。引导标识和车辆流线清晰,满足了轨道交通站点高效接驳的要求。

1.3.3 提升服务功能的品质与协调

轨道交通枢纽是城市中开放性和流动性程度最高的区域之一。作为公共空间,轨道交通枢纽应该能够体现最广泛使用者的意愿,成为一个真正具有活力的人性化的生活场所。这就要求轨道交通枢纽能够以高度的包容性回应各类使用者多元化的行为模式及其空间需求。包容性包括可达性、可用性和可读性,空间使用的协同是创造包容性公共空间的关键所在,如简单易懂的步行网络与城市综合体的结合,地下公共空间与多种业态的城市商业和公共设施的协同开发,不仅可以使公共服务功能更具品质,同时也能够带来经济和社会效益的提升。

例如,东京葛西站是高架站点,当地利用站厅下部空间分别布置了长条形的步行街和当地著名的文化设施"地下铁博物馆",建筑底层包含了餐饮、社区商业、办公、社区服务等丰富的功能,出行者可以便捷地到达各个功能。与东京葛西站相接驳的巴士站和地下车库的入口区域构成了站前的主要开放空间,广场上利用人行的空间布置绿化和人文雕塑,提升了场地的景观性和标志性。到了夜晚,葛西站和周边城市街道充分的照明保证了基本的安全,周边充满生活氛围的环境也使出行者的接驳过程充满安全感。

大阪站城综合体的"南口广场"和其北侧的"梅北广场"是其地面步行系统中重要的空间节点。作为半室外的集散广场,除了交通节点功能外,还具有交流、景观、事件、防灾等多重功能。梅北广场是一个以"水"为主题的椭圆形地面广场,位于站城综合体南端,与大阪站北口毗连,广场西侧建有由安藤忠雄设计的名为"梅北之舟"的小品建筑,结合层次丰富的水景设计,使其成为拥有当地特色的,并被市民们所喜爱的广场。

国外城市轨道交通车站的接驳案例中充分注意地铁出入口及公共空间广场等设施与周边用地、建筑、沿线景观的协调统一,并结合建筑造型、结构类型和施工方法,合理利用地下、地上空间,尽量与现有或规划中的建筑合建,在满足规划、消防、环保等要求及保证客流有序集散的基础上,既易于识别、具有标识,又要求与周边建成或规划环境相融合,减少对城市景观的影响,提高城市设施精美度。

1.4 城市轨道交通接驳的技术特征

1.4.1 技术特点

轨道交通接驳的体系构成要素较为综合,乘客众多,全出行链涉及的交通方式较多,相关建设和管理单位繁多,这些使得轨道交通接驳的相关技术发展呈现出综合性、动态性和不稳定性的特点。

(1)综合性。轨道交通接驳设计作为轨道交通设计项目的组成部分之一,由轨道交通投资建设方主导。设计工作是在轨道交通建设工作的框架下开展的,但涉及的内容包括城市道路、公交、停车管理、市政市容等多方面。具体到步行系统中的站前广场等局部区域的设计,又涉及交通、道路、景观、照明、智能监控等多个专业。

(2)动态性。轨道交通接驳系统是连接轨道交通与其他城市综合交通系统的纽带,交通衔接系统也受到轨道交通和其他综合交通方式的多重影响。一方面,轨道交通的客流量是不断变化的,线网形态也是不断变化的,因此,乘客对于交通衔接设施的需求是动态变化且不断提高的。另一方面,城市综合交通系统也在不断地发展变化,近几年来,共享单车和网约车的不断兴起,都对轨道交通接驳体系产生了较大的影响;同时,城市管理的水平不断提升,市民和乘客的要求也不断变化,这就要求接驳设施的面貌不断地更新和优化。

(3)不稳定性。轨道交通接驳系统的规划设计周期较长,建设周期则更长,在这样 3~5 年的过程中,轨道交通接驳设施在规划和设计的不同阶段往往具有较大差异性。接驳设施的配置方案不仅会受到车站站位、出入口位置、车站周边用地拆迁、征地条件的影响,而且会受到属地政府主管单位、交警、行业主管单位、建设单位和周边物业单位等多家相关单位意见的影响,往往许多需要占用土地资源的接驳设施经常难以落实。

1.4.2 相关规范

轨道交通接驳规划设计是轨道交通接驳设施落地的重要环节,由于轨道交通接驳设施几乎包括了所有的交通方式,因此在规划设计过程中所遵循的标准和规范也不尽相同。从站点分类至各种交通方式的设置要求,在不同标准规范中均有不同的描述。

1)集散广场

2015 年中华人民共和国住房和城乡建设部(以下简称住建部)编制的《城市轨道沿线地区规划设计导则》规定:①枢纽站交通集散应充分利用立体空间,提供分散的疏散通道,避免大尺度广场。②枢纽站鼓励结合交通换乘功能设置广场、中庭、下沉广场或高架平台等公共开敞空间,以适应短期内承载大量人流集散的功能。③中心站、组团站鼓励结合轨道站点设置中庭、下沉广场或高架平台等公共空间,作为空间组织的视觉中心,增加轨道站点对周边地区的辐射吸引力。

2018 年住建部编制的《轨道交通线网规划标准》(GB/T 50546—2018)规定:轨道交通车站出入口应设置客流集散广场,面积不宜小于 $30m^2$。

2021年住建部编制的《城市步行和自行车交通系统规划标准》(GB/T 51439—2021)规定:轨道交通车站出入口宜设置客流集散广场,面积不宜小于30m²。轨道交通车站出入口附近不宜设置墙体、围挡、护栏、广告牌等设施。在人流密集的学校、医院、公共服务设施、公共交通枢纽、大型商业办公区,宜灵活利用交叉口转角空间、路侧绿带或建筑间广场设置微公园。微公园宜采用与人行道、设施带/绿化带不同的铺装材料,宜结合乔木设置座椅,提供遮阴的休憩空间,应避免设置大片的草地和花坛。

此外,2014年北京市城市规划设计研究院编制的北京地标《城市道路空间规划设计规范》(DB 11/1116—2014)规定:轨道交通车站出入口前的集散广场,应在确保集散通畅基础上增加大乔木和座椅的配置。

2)公交停靠站

2015年住建部编制的《城市轨道沿线地区规划设计导则》规定:客运枢纽与轨道站点宜一体化建设、实现各类公共交通功能在枢纽内部的无缝换乘。公交停靠站与轨道站点出入口的步行距离宜控制在50~100m以内;公交停靠站一般设3个停车位,对客流多、线路多的,宜采用拆分站台、深港湾式站台等方式设置。鼓励公交停靠站结合建筑场地布局,缩短换乘距离。

2018年住建部编制的《城市综合交通体系规划标准》(GB/T 51328—2018)规定:轨道交通站与公交首末站衔接,站点出入口与首末站的换乘距离不宜大于100m。与公交停靠站衔接,换乘距离不宜大于50m。

2018年住建部编制的《轨道交通线网规划标准》(GB/T 50546—2018)规定:公交停靠站与车站出入口衔接距离宜在50m内,最大不宜超过150m;公交停靠站宜采用港湾式停靠站。

2014年北京市城市规划设计研究院编制的《城市道路空间规划设计规范》(DB 11/1116—2014)规定:公交同向换乘距离不宜大于50m,异向换乘和交叉口换乘距离不宜大于150m,不得大于200m。公交车站范围内的树池应做平整化处理。

2016年北京市城市规划设计研究院、北京市市政工程设计研究总院有限公司及北京视域四维城市导向系统规划设计有限公司编制的北京地标《公共汽电车站台规范》(DB11/T 650—2016)规定:公交站台边缘距轨道交通站出入口不应小于15m,不应大于50m。

3)非机动车停车场

2015年住建部编制的《城市轨道沿线地区规划设计导则》规定:换乘设施用地应靠近轨道站点布置,轨道交通换乘优先次序应为步行>自行车>地面公交>出租汽车＞小汽车。各类设施与轨道站点出入口距离应符合以下要求:自行车停车场与站点出入口的步行距离宜控制在 50m 以内;公交换乘场站与站点出入口的步行距离宜控制在 150m 以内;出租汽车上下客区与站点出入口的步行距离宜控制在 150m 以内;小汽车停车场与轨道站点出入口的步行距离宜控制在 200m 以内。

2018 年住建部编制的《城市综合交通体系规划标准》(GB/T 51328—2018)中规定:轨道交通站点自行车停车场选址宜在站点出入口 50m 内。

2018 年住建部编制的《轨道交通线网规划标准》(GB/T 50546—2018)中规定:非机动车停车场应结合轨道交通车站出入口分散布设,在中心区内用地条件紧张时,宜采取分散与集中相结合的布设方式;非机动车停车场应布设在车站出入口附近,衔接距离宜在 50m 内。

2021 年住建部编制的《城市步行和自行车交通系统规划标准》(GB/T 51439—2021)规定:轨道交通站点自行车停车场选址宜在站点出入口 50m 内。

2014 年北京市城市规划设计研究院编制的《城市道路空间规划设计规范》(DB 11/ 1116—2014)规定:自行车停车位宜设置在地面、人员进出口附近,出入口较多的应分散设置。公共交通枢纽、轨道交通车站、地面公交车站应根据需要就近设置足够、方便的自行车驻车换乘设施,没有设置条件的已建车站,可利用行道树之间的空间、外侧分隔带乔木之间的空间就近、灵活设置自行车停车设施。轨道交通车站的自行车停车设施,应根据自行车交通的流量、流向分散布置在各出入口附近。

4)出租汽车停靠点

2015 年住建部编制的《城市轨道沿线地区规划设计导则》规定:出租汽车与小汽车停靠点可合设,并应与公交停靠站分开设置,宜设置在距公交停靠站不小于 50m 处,存在相互干扰情况下,公交停靠站应优先布置。

2018 年住建部编制的《轨道交通线网规划标准》(GB/T 50546—2018)规定:车站出入口周边应结合用地条件配置出租汽车候客区,每站 2～8 个车位;出租汽车候客区应靠近车站出入口,衔接距离宜在 50m 内。

5)小汽车 P＋R 停车场

2015 年住建部编制的《城市轨道沿线地区规划设计导则》规定:停车设施应实行较严厉的交通需求管理政策,不宜设置城市公共停车场,各功能单元的建筑停车配建指标应在城市配建指标基础上进行折减。端头型站点的交通设施应设置公交枢纽、出租汽车停车场、自行车停车场。位于城市中心区以外的可设置小汽车 P＋R 停车场。不建议在中心区站点设置 P＋R 专用停车场,外围站点需设置时,P＋R

停车场宜共用配建和公共停车场，不宜采用独立占地形式。

2018年住建部编制的《城市综合交通体系规划标准》（GB/T 51328—2018）规定：轨道交通线路首末区段的车站可根据周边用地条件设置小汽车换乘停车场，并宜立体布设。

2018年住建部编制的《轨道交通线网规划标准》（GB/T 50546—2018）规定：停车场地进出口宜在轨道交通出入口200m范围内；当规模超过600辆或用地紧张时，宜采用立体式停车场；小汽车停车场的设置应满足周边道路网的容量。

可见，许多既有导则规范的规定都比较宽泛或者没有定量化要求，而部分现有规范、国标、导则对集散广场、自行车接驳等要求差异较大。因此，在具体项目和建设过程中，针对线路的特点、车站的区位和客流规模等情况，有必要根据轨道交通接驳设施的规划设计条件梳理相关规范，提出适合项目的轨道交通接驳设施规模和技术标准。

第2章

基于分级分类的城市轨道交通接驳特征研究

轨道交通出行是典型的多方式组合出行,具有出行过程不连续、选择需求复杂、出行特征难以捕捉等特征,制约了轨道交通整体出行效率和满意度提升。因此,本章在对北京、上海、广州、深圳轨道站点分类的基础上,按轨道站点所在区位、交通功能、用地条件等关键因素,构造具有3级、6类、36小类的站点分级分类矩阵,以精准反映轨道站点的实际出行特征和功能需求;再结合传统调查问卷、多源大数据分析、活动链模型测算等方式预测不同类别的车站接驳方式分担率,并遵循着眼现状和近期、综合考虑远期的原则分阶段预测。

2.1 城市轨道交通站点分级分类及接驳设施构成

2.1.1 国内城市轨道交通站点分类研究

国内如北京、上海、广州、深圳等城市在线网规划、轨道交通衔接规划或某条线路工程可行性研究阶段,主要以枢纽衔接为中心进行研究,包括枢纽衔接的方式、衔接的线路数及周边土地开发类型等指标,对轨道交通站点进行分类(表2-1)。

国内城市轨道交通站点分类　　　　　　表2-1

城市	参照指标	站点分类	分类描述
北京	(1)衔接方式种类; (2)衔接的轨道交通线路数	一级枢纽	与大型对外交通枢纽衔接的轨道交通枢纽
		二级枢纽	轨道交通线路之间的换乘站以及轨道交通与多条常规公共交通线路衔接的换乘枢纽
		三级枢纽	与常规公共交通站点衔接的轨道交通车站
上海	衔接的轨道交通线路数	大型换乘枢纽	3条市区级或两条市域级线路节点
		换乘车站	两条市区级线路节点
		一般车站	其他轨道交通车站
广州	(1)衔接方式种类; (2)枢纽所在地的土地开发类型	综合枢纽站	城市对外交通枢纽,集多种交通方式为一体的客运中心的站点,不仅与常规公共交通衔接,还与其他多种交通方式衔接换乘,客流特征为集中、换乘量大、辐射面大
		枢纽站	轨道交通首末站或位于片区中心及换乘客流量大的换乘站,交通衔接方式相对复杂,辐射面较大

续上表

城市	参照指标	站点分类	分类描述
广州		一般换乘站	轨道交通的一般中间站,主要是步行和常规公共交通中途站的换乘点,换乘方式相对单一
深圳	(1)衔接方式种类; (2)枢纽所在地的土地开发类型	综合枢纽站	在大型常规公共交通和对外交通枢纽的衔接处或对外口岸、城市主次中心的轨道交通枢纽
		主要换乘站	在常规公共交通枢纽衔接处或地区中心的轨道交通枢纽
		一般换乘站	与常规公共交通站点衔接的轨道交通车站

此外,轨道交通站点分类在不同的标准规范中有不同的描述。2018年住建部编制的《城市综合交通体系规划标准》(GB/T 51328—2018)将轨道交通站点简单分为中心型、外围末端型、一般型3类,并规定了3类站点对接驳设施的配置;2015年住建部编制的《城市轨道沿线地区规划设计导则》按规模和功能类型将轨道交通站点分为Ⅰ和Ⅱ两级,含枢纽站、中心站、组团站、特殊控制站、端头站、一般站6类。

通过以上总结可知,国内轨道交通站点分类并没有一个合理的统一标准。两个规范均为全国性规范导则,其要求具有普适性,但其中站点分类并不统一,对接驳设施的配置要求也存在差异,不利于指导实际操作。

2.1.2 基于多因素的城市轨道交通站点分级分类

轨道交通站点所在区位、交通功能、用地条件等是影响枢纽功能等级的关键因素,也是建立轨道交通站点分级指标体系的基础。

1)基于站点区位的分级

轨道交通站点区位主要取决于城乡空间结构与形态。从轨道交通线网密度及服务覆盖范围分析,由于不同区域轨道交通出行的需求不同,站点所在区位和轨道交通线网密度存在较大差异,站点承担的功能及交通接驳出行需求均不同。因此,基于站点所在区位可将轨道交通站点分为主城区、副中心、外围新城3级。

2)基于交通功能的分类

综合考虑轨道交通站点换乘客流的性质、服务范围、交通接驳方式等多种因素,结合现状轨道交通站点集散客流及换乘接驳客流特征分析,从交通功能角度,可将轨道交通站点划分为综合枢纽、枢纽、一般站3类,其中:综合枢纽是轨道交通站点的最高等级,汇集城市对外交通和市内多种交通方式,是融合城市内外交通的关键节点,客流量较大且具有高度的综合性;枢纽是轨道交通站点的中坚力量,为多条轨道交通线路的交汇站或与城市公交枢纽的重要换乘节点,客流以轨道换乘客流为主;一般站是轨道交通站点的基础层级,其交通接驳方式一般为步行、常规公共交通、非机动车,客流以集散乘客为主。

3)基于用地条件的分类

轨道交通站点周边地区的交通接驳设施与所处地区的城市功能具有较高的相关性,当同一等级的站点处于不同功能的城市片区时,其周边交通设施和城市空间布局应有不同的规划设计安排。因此,基于用地条件可将轨道交通站点分为居住型、商办型、交通型、景区型、高校型、综合型6类。

综合考虑站点区位、交通功能、用地条件,可构建轨道交通站点分级分类体系,形成3级、6类、36小类的站点分级分类矩阵(表2-2),以精准反映轨道交通站点的实际出行特征和功能需求。

轨道交通站点分级分类　　　　表2-2

交通功能	用地条件						站点区位
	居住型(A)	商办型(B)	交通型(C)	景区型(D)	高校型(E)	综合型(F)	
综合枢纽(S)	—	—	ⅠSC	—	—	ⅠSF	主城区(Ⅰ)
	—	—	ⅡSC	—	—	ⅡSF	副中心(Ⅱ)
	—	—	ⅢSC	—	—	ⅢSF	外围新城(Ⅲ)
枢纽(T)	ⅠTA	ⅠTB	—	ⅠTD	ⅠTE	ⅠTF	主城区(Ⅰ)
	ⅡTA	ⅡTB	—	ⅡTD	ⅡTE	ⅡTF	副中心(Ⅱ)
	ⅢTA	ⅢTB	—	ⅢTD	ⅢTE	ⅢTF	外围新城(Ⅲ)
一般站(N)	ⅠNA	ⅠNB	ⅠND	ⅠNE		ⅠNF	主城区(Ⅰ)
	ⅡNA	ⅡNB		ⅡND	ⅡNE	ⅡNF	副中心(Ⅱ)
	ⅢNA	ⅢNB		ⅢND	ⅢNE	ⅢNF	外围新城(Ⅲ)

2.1.3　城市轨道交通站点接驳设施构成

接驳设施应以轨道交通站点出入口为核心,统筹配置各类接驳设施,优先保障慢行交通、公交等绿色交通方式。综合以上接驳设施的分类,可将交通接驳设施划分为:步行接驳设施、非机动车接驳设施、公交接驳设施、出租汽车接驳设施和小汽车接驳设施,以及配套的品质提升类设施,各类接驳设施的配置分别见表2-3~表2-5。

综合枢纽(S)接驳设施配置表   表2-3

类		型	接 驳 设 施	居住型(A)	商办型(B)	交通型(C)	景区型(D)	高校型(E)	综合型(F)
综合枢纽(S)	主城区(Ⅰ)	步行	站点周边人行道			★			★
			站前广场			/			/
			行人过街设施			★			★
		非机动车	共享单车停靠点			☆			☆
			非机动车停车场			/			/
		公交	公交车停靠站			/			☆
			公交场站			★			★
		出租汽车	营运车辆停靠站			☆			☆
			营运车辆停车场			/			/
		小汽车	小汽车换乘停车场			×			×
		空间品质提升类	交通信息交互设施			★			★
			街道家具及景观			★			★
	副中心(Ⅱ)	步行	站点周边人行道			★			★
			站前广场						
			行人过街设施			★			★
		非机动车	共享单车停靠点			☆			☆
			非机动车停车场			/			/
		公交	公交车停靠站			/			☆
			公交场站			★			★
		出租汽车	营业车辆停靠站			★			☆
			营业车辆停车场			☆			/
		小汽车	小汽车换乘停车场			/			/
		空间品质提升类	交通信息交互设施			★			★
			街道家具及景观			★			★

续上表

类 型			接 驳 设 施	居住型(A)	商办型(B)	交通型(C)	景区型(D)	高校型(E)	综合型(F)
综合枢纽(S)	外围新城(Ⅲ)	步行	站点周边人行道			★			★
			站前广场			/			/
			行人过街设施			★			★
		非机动车	共享单车停靠点			/			☆
			非机动车停车场			☆			★
		公交	公交车停靠站			/			☆
			公交场站			★			★
		出租汽车	营业车辆停靠站			★			★
			营业车辆停车场			☆			☆
		小汽车	小汽车换乘停车场			★			★
		空间品质提升类	交通信息交互设施			★			★
			街道家具及景观			/			/

注：★表示一般应设置，☆表示可选择设置，/表示一般无须设置，×表示一般不应设置，各站点根据实际需要逐个确认，必要时可做个性化调整。

枢纽（T）接驳设施配置表　　　　　　　　　　　　　　表2-4

类 型			接 驳 设 施	居住型(A)	商办型(B)	交通型(C)	景区型(D)	高校型(E)	综合型(F)
枢纽(T)	主城区(Ⅰ)	步行	站点周边人行道	★	★		★	★	★
			站前广场	★	★		★	★	★
			行人过街设施	★	★		★	★	★
		非机动车	共享单车停靠点	★	★		☆	☆	☆
			非机动车停车场	☆	/		☆	☆	☆
		公交	公交车停靠站	★	★		★	★	★
			公交场站	/	/		/	/	/

续上表

类型			接驳设施	居住型(A)	商办型(B)	交通型(C)	景区型(D)	高校型(E)	综合型(F)
枢纽T	主城区（Ⅰ）	出租汽车	营业车辆停靠站	/	☆		☆	/	/
			营业车辆停车场	×	×	/	×	×	×
		小汽车	小汽车换乘停车场	×	×	×	×	×	×
		空间品质提升类	交通信息交互设施	★	★	★	★	★	★
			街道家具及景观	★	★	★	★	★	★
	副中心（Ⅱ）	步行	站点周边人行道	★	★	★	★	★	★
			站前广场	★	★	★	★	★	★
			行人过街设施	★	★	★	★	★	★
		非机动车	共享单车停靠点	★	★		☆	☆	☆
			非机动车停车场	☆	/	/	/	☆	☆
		公交	公交车停靠站	★	★	★	★	★	★
			公交场站	/	/		☆	/	/
		出租汽车	营业车辆停靠站	/	☆		☆	/	/
			营业车辆停车场	×	×	/	×	×	×
		小汽车	小汽车换乘停车场	×	×	×	×	×	×
		空间品质提升类	交通信息交互设施	★	★	★	★	★	★
			街道家具及景观	★	★	★	★	★	★
	外围新城（Ⅲ）	步行	站点周边步行道	★	★	★	★	★	★
			站前广场	★	★	★	★	★	★
			行人过街设施	★	★	★	★	★	★
		非机动车	共享单车停靠点	★	★		☆	☆	☆
			非机动车停车场	☆	☆	/	☆	☆	☆
		公交	公交车停靠站	★	★		★	★	★
			公交场站	☆	☆		☆	☆	☆

第2章 基于分级分类的城市轨道交通接驳特征研究

续上表

类　型			接　驳　设　施	居住型 (A)	商办型 (B)	交通型 (C)	景区型 (D)	高校型 (E)	综合型 (F)
枢纽 T	外围 新城 (Ⅲ)	出租汽车	营业车辆停靠站	☆	☆	☆	☆	☆
			营业车辆停车场	×	×	☆	×	/
		小汽车	小汽车换乘停车场	×	/	/	/	/
		空间品质 提升类	交通信息交互设施	★	★	★	★	★
			街道家具及景观	☆	☆	☆	☆	☆

注：★表示一般应设置，☆表示可选择设置，/表示一般无须设置，×表示一般不应设置，各站点根据实际需要逐个确认，必要时可做个性化调整。

一般站(N)接驳设施配置表　　　　　　表2-5

类　型			接　驳　设　施	居住型 (A)	商办型 (B)	交通型 (C)	景区型 (D)	高校型 (E)	综合型 (F)
一 般 站 (N)	主城区 (Ⅰ)	步行	站点周边人行道	★	★	★	★	★
			站前广场	★	★	★	★	★
			行人过街设施	★	★	★	★	★
		非机动车	共享单车停靠点	☆	☆	☆	☆	☆
			非机动车停车场	☆	/	/	/	☆
		公交	公交车停靠站	★	★	★	★	★
			公交场站	×	×	/	×	×
		出租汽车	营业车辆停靠站	/	☆	☆	/	☆
			营业车辆停车场	×	×	×	×	×
		小汽车	小汽车换乘停车场	×	×	×	×	×
		空间品质 提升类	交通信息交互设施	★	★	★	★	★
			街道家具及景观	★	★	★	★	★
	副中心 (Ⅱ)	步行	站点周边人行道	★	★	★	★	★
			站前广场	★	★	★	★	★
			行人过街设施	★	★	★	★	★
		非机动车	共享单车停靠点	☆	☆	☆	☆	☆
			非机动车停车场	☆	/	/	/	☆

续上表

类型		接驳设施	居住型(A)	商办型(B)	交通型(C)	景区型(D)	高校型(E)	综合型(F)
一般站(N)	副中心(Ⅱ)	公交	公交车停靠站	★	★		★	★	★
			公交场站	/	/		/	×	/
		出租汽车	营业车辆停靠站	/	☆		☆	/	☆
			营业车辆停车场	×	/		/	×	×
		小汽车	小汽车换乘停车场	×	×		×		
		空间品质提升类	交通信息交互设施	★	★		★	★	★
			街道家具及景观	★	★		★	★	★
	外围新城(Ⅲ)	步行	站点周边人行道	★	★		★	★	★
			站前广场	★	★		★	★	★
			行人过街设施	★	★		★	★	★
		非机动车	共享单车停靠点	☆	☆		☆	☆	☆
			非机动车停车场	★	★		★	★	★
		公交	公交车停靠站	★	★		★	★	★
			公交场站	☆	☆		☆	☆	☆
		出租汽车	营业车辆停靠站	★	★		★	★	★
			营业车辆停车场	/	/		☆	/	/
		小汽车	小汽车换乘停车场	×	/		/	/	/
		空间品质提升类	交通信息交互设施	★	★		★	★	★
			街道家具及景观	★	★		★	★	★

注：★表示一般应设置，☆表示可选择设置，/表示一般无须设置，×表示一般不应设置，各站点根据实际需要逐个确认，必要时可做个性化调整。

2.2 城市轨道交通站点接驳方式分担率预测

2.2.1 基于传统出行调查问卷的接驳方式分担率调查

本书调查问卷均具有普适性。

1)出行者基本信息调查

调查出行者的职业、月收入、年龄等基本信息,确定不同特点的出行者所占比例,以确定不同站点周边不同类别的出行者比例;调查出行者家庭拥有小汽车与非机动车的数量,为设施规模需求匡算提供参考。调查采用单选题的方式。

---

①您的职业:
A. 企业公司员工　　　　B. 政府及事业单位员工　　　C. 学生
D. 退休　　　　　　　　E. 个体经营户或自由职业者　F. 农林牧渔业人员
G. 无业　　　　　　　　H. 其他

②您的月收入:
A. 2000 元以下　　　　B. 2000~4000 元　　　　C. 4000~7000 元
D. 7000~10000 元　　　E. 10000~20000 元　　　F. 20000 元以上

③您的年龄:
A. 18 岁以下　　　　　B. 19~25 岁　　　　　　C. 26~40 岁
D. 41~60 岁　　　　　D. 60 岁以上

④您的家庭拥有的私人交通工具(可多选):
A. 非机动车　　　　　B. 电动车　　　　　　　C. 私家车
D. 其他

⑤您是否拥有驾照:
A. 有　　　　　　　　B. 无
C. 未来 1~3 年内有考取驾照计划

---

2)站点接驳方式意愿调查

调查出行者对轨道交通出行的态度,以及未来乘坐轨道交通时接驳方式选择倾向,主要包括小汽车、公交车、非机动车、步行等交通方式。调查采用单选题和填空题的方式。

同时针对轨道交通开通,请被调查者提出对换乘接驳方式的优化建议。

⑥未来轨道交通运行后,您是否会选择轨道交通出行?
A.会　　　　B.不会
⑦您预计乘坐轨道交通线路进站的站名为(　　)站。
⑧未来若选择轨道交通出行,进站后,您将倾向于采取哪种交通接驳方式?
A.小汽车　　B.出租汽车　　C.公交车　　D.电动车(含非机动车)
E.共享单车　F.步行　　　　G.其他
⑨您预计乘坐轨道交通线路出站的站名为(　　)站。
⑩未来若选择轨道交通出行,出站后,您将倾向于采取哪种交通接驳方式?
A.小汽车　　B.出租汽车　　C.公交车　　D.电动车(含非机动车)
E.共享单车　F.步行　　　　G.其他
⑪轨道交通 x 号线马上开通,您对轨道交通与其他交通方式的换乘接驳有什么建议?

3)站点接驳设施服务感知调查

交通供给服务感知调查,主要针对已开通站点的服务感知调查,内容包括设施完善度、空间、环境等。出行者对进站口和出站口的交通设施供给属性进行感知评价,对每一题项的服务描述进行同意度评分,1 表示很不同意,2 表示不同意,3 表示一般,4 表示同意,5 表示很同意。

⑫进出站接驳方式采用步行方式。
　A.是否有完善的步行设施(人行道/斑马线)　　5　4　3　2　1
　B.是否有充足的步行空间(无占道经营等)　　　5　4　3　2　1
　C.步行环境是否舒适　　　　　　　　　　　　5　4　3　2　1
⑬进出站接驳方式采用非机动车/电动车方式。
　A.是否有完善的骑行设施(非机动车车道等)　 5　4　3　2　1
　B.骑行设施连续性能否保障通畅　　　　　　　5　4　3　2　1
　C.站点附近是否有足够的停车空间　　　　　　5　4　3　2　1
　D.骑行环境是否舒适　　　　　　　　　　　　5　4　3　2　1
⑭进出站接驳方式采用公共交通方式。

A. 接驳距离是否适宜	5	4	3	2	1
B. 公交车等车时间是否规律	5	4	3	2	1
⑮进出站接驳方式采用小汽车或出租汽车方式。					
A. 临时停车位是否充足	5	4	3	2	1
B. 小汽车停车场车位是否充足	5	4	3	2	1

2.2.2 基于多源大数据的接驳方式分担率分析

构建高效率高品质的轨道交通接驳系统,定量客观地评估各接驳设施的运行情况,科学合理地配置各接驳设施规模,已成为轨道交通改善服务的重点工作内容。目前各类接驳设施运行特征和规模确定,多依赖于主观经验判断或宏观定性的指导意见,造成实际需求与设施配置出现较大偏差。

当前大数据技术迅猛发展,也为轨道交通接驳环境量化评估分析提供了新的途径和方法。如运动监测手环、手机信令数据、互联网地图兴趣点(Point of Interest,POI)数据、应用程序接口(Application Programming Interface,API)数据、监测共享单车的蓝牙探针数据、出租汽车卫星定位数据、公交车IC卡数据等多源大数据技术,都可用于定量评估各接驳系统运行特征(表2-6)。

多源大数据来源和应用场景　　　　　　　　　　表2-6

数 据 名 称	数 据 来 源	应 用 场 景
典型车站接驳方式数据	运动手环	典型车站接驳比例分析
路网数据	交通模型	慢行环境评估
手机信令数据	移动、联通、电信	个人活动轨迹出行链分析
互联网地图POI和API数据	百度和高德地图	步行绕行情况评估、轨道交通车站和公交车站换乘距离评估
共享单车的蓝牙探针数据	蓝牙探针	车站非机动车停车区规模确定
出租汽车卫星定位数据	交通管理部门	出租汽车上、下车位置及需求分析
公交车IC卡数据	交通管理部门	公交车乘客上、下车位置及需求分析

2.2.3 基于活动链模型的接驳方式分担率预测

1)出行链构建

在基于活动链的出行需求模型(以下简称活动链模型)中,计算出行需求的基础是构建出行链。在活动链模型中,将出行者一天从家出发、经历若干次中间出行、最终回到家的闭合出行链作为一个整体进行建模。不同出行者的出行链固然不同,为便于建模及参数标定,需基于居民出行调查数据库提炼出共性出行链,进而标定各出行链的出行生成率参数。在活动链模型中,出行链 H(家)-W(单位)-W(单位)-O(商场)被视为一个整体(图2-1)。

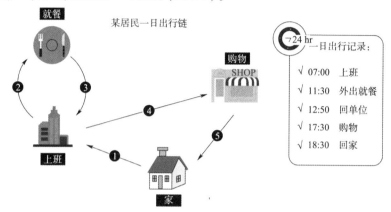

图2-1 活动链模型中的一个典型出行链示例

基于城市综合交通调查居民出行专项调查数据库,在全部的500多种原始出行链的基础上,考虑原始出行链的出行率、共性、代表性等因素,提炼出25种典型出行链,这25种典型出行链与21种人群组不完全交叉组合形成194个组合,对194个需求组合的出行率进行标定(图2-2)。在此基础上,可结合不同规划方案下的人口数据计算出各种出行链的出行量,并根据需求汇总得到总出行量。

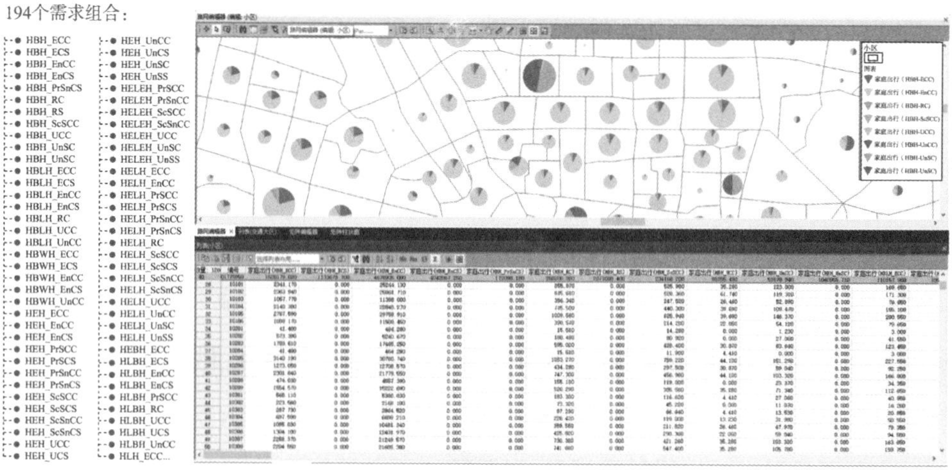

图2-2 需求组合出行率标定

2)出行目的地/方式联合选择模型构建

在目的地选择模型中,目的地选择的两个主要影响因素是:①其起点之间的出行阻抗;②目的地的吸引力。在建模过程中,出行阻抗采用复合阻抗,综合考虑道路及公交设施供给及服务水平,用道路阻抗与公交阻抗构成的复合阻抗来表征出行阻抗。与单纯地道路阻抗相比,复合阻抗更能准确地反映出公共交通服务水平提升时出行阻抗的变化。目的地吸引力参数设定如图 2-3 所示。

$$t_{ij} = [(t_{ij}^{car})^{-1} + (t_{ij}^{tran})^{-1}]^{-1} \tag{2-1}$$

式中:t_{ij}——i 小区和 j 小区之间的出行阻抗;

t_{ij}^{car}——i 小区和 j 小区之间的道路阻抗;

t_{ij}^{tran}——i 小区和 j 小区之间的公交阻抗。

数量：6	编码	名称	家	等级	结构属性
1	B	Business	□	1	Business
2	E	Education	□	1	SP
3	H	Home	☒		无关的
4	L	Leisure	□	1	Leisure
5	S	Escort	□	1	Escort
6	W	Work	□	1	WP

选择列表布局......

数量:126	编号	社会属性值(Business)	社会属性值(Escort)	社会属性值(Leisure)	社会属性值(SP)	社会属性值(WP)
28	10101	4163.000	4119.000	7567.000	4803.000	19145.000
29	10102	5277.000	4214.000	6229.000	4914.000	18455.000
30	10103	1264.000	1858.000	1956.000	2167.000	4303.000
31	10104	6489.000	3732.000	6117.000	4351.000	8640.000
32	10105	6863.000	4857.000	6301.000	5663.000	11245.000
33	10106	8130.000	1882.000	4543.000	2195.000	10239.000
34	10201	88.000	75.000	152.000	87.000	65.000
35	10202	1976.000	868.000	4345.000	1013.000	830.000

图 2-3　目的地的吸引力参数设定(吸引力在 PTV 软件中称为社会结构属性)

方式选择模型采用 Logit 模型,并引入出行成本模型,利用居民出行时间价值(VOT)进行出行费用和时间的转换,刻画不同层次各交通方式的广义费用函数。以郑州市模型为例,方式划分模型计算结果如图 2-4 所示。

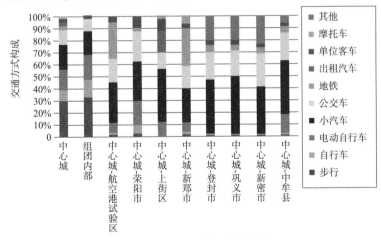

图 2-4　方式划分模型计算结果

3)高峰模型或指定时段模型构建

在四阶段模型中,在全日模型构建完成后,高峰模型往往是通过对全日出行矩阵乘以统一高峰系数的处理方式得到高峰需求(基于家出行考虑产生吸引点转起讫点的方向不均衡性,非基于家出行一般乘以统一的系数),进而进行交通分配。但活动链模型中对高峰模型的构建进行了更加精细化的考虑,充分考虑了一个活动链中各次出行时间的前后时序性及各次(各类型出行目的)出行自身的出行时间分布特征,在通过全日模型出行需求计算高峰模型出行需求的过程中,更精细化地考虑了不同出行的时间分布特征差异,设定差异化的时间分布参数,保证了高峰模型的精细化和准确性。高峰模型如图 2-5 所示。

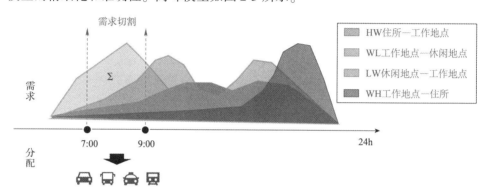

图 2-5 高峰模型的构建

4)基于多项 Logistics 回归分析的接驳分担率预测

多项 Logistics 回归是利用极大似然估计法对模型参数进行估计,在预测时以非机动车为参考项,并假设乘客均会依据自身需求对接驳方式做出最为理性的选择,可分别得到步行、常规公共交通、出租汽车和小汽车相对于非机动车的效用公式为:

$$V_i = \exp\left(\frac{P_i}{P_{i=5}}\right) = \alpha_i + \sum_{n=1}^{n} \beta_{in} \gamma_n \quad (2\text{-}2)$$

式中:V_i——第 i 类接驳方式相对于非机动车的效用;

i——第 i 类接驳方式的常数项,$i = 1,2,3,4,5$ 分别代表步行、常规公共交通、出租汽车、小汽车和非机动车;

γ_n——第 n 个影响因素,$n = 1,2,3,4,5,6,7$ 分别代表性别、年龄、职业、收入、家庭是否拥有小汽车、出行目的和出行距离 7 个影响因素;

β_{in}——第 i 类接驳方式对应的变量 γ_n 的系数。

通过上式可依次求得各接驳方式对于非机动车的相对效用,又因各接驳方式分担率之和为 1,可据此分别计算出选择各接驳方式的概率。

$$P_i = \frac{e^{V_i}}{1 + \sum_{i=1}^{i} e^{V_i}} \tag{2-3}$$

式中:P_i——选择各接驳方式的概率。

所得概率最大的接驳方式即为乘客选择的接驳方式,通过统计得到选择各接驳方式的人数,与样本总量相比即可求出各接驳方式的分担率。

$$P'_i = \frac{N_i}{N} \tag{2-4}$$

式中:P'_i——各接驳方式分担率;
N_i——各接驳方式的选择人数;
N——样本总量。

2.3 近远期各类车站接驳客流构成分析

2.3.1 接驳方式影响因素分析

随着时间的变化,各区域的轨道交通线网密度不同,直接吸引和间接吸引比例会发生变化;人口向外疏散、就业岗位向内集中,会导致出行距离增加;此外,出行观念的变化、交通政策的调整等都会影响衔接方式的选择。具体影响因素分析如下:

1) 居民收入的增加

随着城市社会经济的发展,城镇居民人均收入普遍增加,对社会活动的要求也有了相应的提高,在出行中将会更多地考虑时间、舒适、安全等因素。轨道交通作为中、低阶层的大众公共交通系统,其快速、准时将吸引更多的居民考虑利用轨道交通方式出行。同时,因为轨道交通的服务水平局限性,还不能直接实现从出发地到达目的地。在轨道交通乘客的一次出行中,还需要在轨道交通出行的两端采用其他衔接交通方式。但综合各种费用开支、停车设施、道路环境等因素,居民收入变化对出行两端的交通衔接方式选择将产生较大的影响。

2) 城市规模的扩大、出行距离的增加

随着城市的发展和整个城镇体系的完善,居民出行距离会逐渐加大,这意味着居民可以选择更多的出行目的地,从而能够接受城市更多的服务,因此居民出行距离大小从某种意义说明了城市的发达程度,是一个不可逆转的趋势。轨道交通的快速、准时适宜中、长距离出行的优点将会吸引目前大量的其他交通出行方式向轨道交通方式转移。同时对于中、长距离出行乘客,利用其他交通方式换乘轨道交通的过程中,轨道交通出行两端的出行距离也会对其选择交通衔接方式产生很大的影响。

3)出行目的结构的变化

随着经济的调整,通勤交通的比例会继续下降,其他弹性目的出行的比例会继续上升。根据轨道交通客流调查发现轨道交通主要是负担通勤客流,其高峰集中在早晚上下班时间,轨道交通乘客为了节约出行时间,在出行两端采用非机动车、公交车和小汽车等衔接方式的相对较多。

4)交通工具机动化进程的加快

根据需求层次论,人的需求是有层次的,在低层次的需求得到满足后,就会寻求更高层次的需求。表现在交通上,即为在满足了出行的基本需求后,就会开始寻求快速、舒适等方面的需求,因此,交通工具逐渐机动化成为一种不可避免的趋势。随着机动车的增加,道路更加拥堵,机动车的运行速度将会大幅降低。因此,随着机动车出行时间的增加,轨道交通的快速性将吸引外围区域的机动车乘客在一些枢纽点进行停车换乘。

5)轨道交通网络的完善

轨道交通网络的完善程度同样也是影响轨道交通乘客选择到达和离开轨道交通车站所采取的交通方式因素之一。在中心区范围内,轨道交通线网密度不断增加,轨道交通方式的吸引范围将逐渐由间接吸引变化到直接吸引,由此带来在此范围内的乘客将会主要采用步行方式,其次采用常规公共交通和非机动车。在外围区域内,由于轨道交通线网的密度较低,轨道交通乘客采用常规公共交通和非机动车或者其他交通工具进行换乘的比例将会大大增高。

6)公共交通整合水平的提高

随着轨道交通逐步完善,在不同区域轨道交通与常规公共交通的功能层次和服务定位将不断变化,远期重在提高服务水平以及与轨道交通整合程度。

在中心区域,近期轨道交通车站的服务覆盖范围有限,对短距离的客流吸引比例相对较低,应加强对衔接公交线路的布设,方便常规公共交通与轨道交通的换乘;而在远期,对常规公共交通的线路配置将会有很大的替代作用,常规公共交通线路将会减少,短距离衔接客流比例提高。

在外围区域,近期公交线路尚不发达,在强化与轨道交通客流衔接的同时,完善公交线路,满足不同层次的需求;而在远期,应重点通过强化区域公交、优化线路等方式提高对轨道交通的客流喂给。

7）新型交通方式的发展

随着互联网共享经济的兴起，共享单车、网约车等新型交通方式成为出行的重要方式之一。共享单车灵活打通了交通基础设施的"最后一公里"，成为城市交通方式的衔接之桥。网约车和轨道交通的科学结合，可以兼顾服务质量和出行费用，为出行者提供良好的服务体验。轨道交通乘客为了便捷出行和提升出行质量，采用共享单车和网约车接驳的比例将大大提升。

2.3.2 近远期各类车站接驳客流构成

轨道交通车站建成后，其客流会有一个逐步增长和变化的过程。不同线路近、远期客流量增幅不同，有的线路近、远期客流量增幅很大，如果按近期客流建设交通接驳设施，能减少初期建设投资，但不能满足远期的需要；如果按远期客流建设，又会增加初期建设投资，造成接驳设施部分闲置。因此，为了合理兼顾近、远期的需要，在规划阶段应按远期需求规划，初期建设应根据车站周边的不同情况，合理分析建设规模和预留条件。

1）近期各类车站接驳客流构成

结合已运营轨道交通车站的接驳客流调查数据，对车站接驳客流构成进行聚类分析，得到近期各类车站的接驳客流比例构成（表2-7）。

近期各类车站接驳客流构成占比（%）　　　　表2-7

车站类型	步行	公交车	非机动车	出租汽车（含即停即走）	小汽车	总和
居住型	50~85	10~60	2~10	1~6	0~5	100
商办型	50~75	10~30	1~6	1~10	0~10	100
交通型	75~95	5~15	1~2	1~6	0~6	100
景区型	55~85	10~30	1~5	1~10	0~7	100
高校型	70~90	5~15	2~8	1~5	0~6	100
综合型	30~55	35~50	1~3	2~10	0~6	100

2）远期各类车站接驳客流构成

考虑居民收入和机动化水平提高、轨道交通网络完善、道路交通状况变化、出行结构与目的变化等因素对远期同类车站接驳客流构成的影响分析，在近期基础上，预测得到远期各类车站接驳客流构成（表2-8）。

远期各类车站接驳客流构成占比（%）　　　表2-8

车站类型	步行	公交车	非机动车	出租汽车（含即停即走）	小汽车	总和
居住型	50~85	10~50	1~5	1~6	0~10	100
商办型	65~85	15~25	1~4	2~10	0~10	100
交通型	80~90	5~10	1~2	2~8	0~8	100
景区型	65~90	10~25	1~5	2~10	0~8	100
高校型	75~90	5~15	1~8	1~5	0~6	100
综合型	35~55	35~55	1~2	2~10	0~6	100

第3章

城市轨道交通接驳设施规模匡算方法

第3章 城市轨道交通接驳设施规模匡算方法

轨道交通内涵式的精细化发展将成为未来城市发展的重要方向之一,轨道交通接驳系统作为轨道交通服务延伸的载体,是城市精细化发展的集中体现。而交通接驳设施规模的确定是开展轨道交通接驳精细化设计的基础前提,因此,需要充分认识各种衔接方式的使用特征和影响因素,根据各站点需求、站点类型、道路及用地规划实施情况、道路改造空间的不同,分别对各类站点、各类设施的规模进行匡算。本章从轨道交通工程不同阶段的站点接驳设计侧重点分析着手,对影响站点接驳的各类因素进行阐述,最后提出各类接驳设施的定量化预测方法及参数标定。

3.1 工程不同阶段的站点接驳设计侧重点

轨道交通接驳设计包括接驳规划设计、接驳方案设计、接驳初步设计、接驳施工图设计,各阶段应与轨道交通的规划、设计各阶段相对应,两者应密切配合,不同阶段的接驳方式要求的深度和侧重点也有所不同。

3.1.1 前期规划阶段

在轨道交通线网规划阶段,接驳设施规划设计任务为树立宏观的交通一体化格局,梳理轨道交通线网之间、轨道交通与机场、公铁枢纽、有轨电车线路、BRT(快速公交系统)线路、常规公共交通枢纽、P+R停车场等大型设施的换乘关系。该阶段重在将换乘体系纳入城市总体规划,预留大型衔接设施场地,并考虑联合开发的可能性。

在轨道交通建设规划阶段,接驳设施规划设计的任务为对轨道沿线土地资源进行梳理,进行适当的用地性质调整,以符合TOD的规划要求,构建综合换乘体系,锚固大型换乘枢纽。同时,对轨道沿线的公交场站以及停车场设施提出规划的原则。该阶段重在预留用地,并考虑大型衔接设施用地联合开发方案。

3.1.2 总体设计阶段

总体设计阶段重在确定轨道线位和车站站位,分析各车站的定位,明确各车站接驳的侧重点,依据车站总平面设计和车站高峰小时及全日的进出站量客流预测结果,确定交通接驳设施总量。

在总体设计阶段,应进行轨道交通接驳规划专题研究,以便在可行性研究阶段明确轨道交通接驳设施的资金来源和实施主体。主要内容包括沿线道路规划条件、接驳场站规划选址,并对微观接驳设施提出规划原则。

3.1.3 可行性研究阶段

工程可行性研究阶段,在轨道线位及站位稳定的基础上,根据接驳分方式的客流预测结果,确定各类衔接设施的近、远期规模需求,重在控制近期用地,预留远期用地。根据站点周边土地利用情况,对车站出入口的方向、数量以及周边城市设计等提出建议;依据车站的分级分类情况,进行交通接驳设施的规模预测,并根据轨道交通线网优化调整公交线网。以站点核心区为范围,提出慢行、公交的系统初步接驳方案。

3.1.4 初步设计和施工图设计阶段

设计阶段,应明确宏观和微观的轨道交通接驳设施规划方案,并以此为依据进行接驳设施的控制性详细规划。宏观类重点在初步设计之前开展研究,微观类则在轨道交通初步设计阶段开展方案设计。

初步设计阶段,重在将衔接设施与周边建筑方案和景观设计方案整体规划设计,并依据车站总平面设计和各出入口的客流预测、车站分交通方式进出站量、车站周边用地等,确定衔接设施近、远期布局方案。在此阶段,可以对车站总平面设计和周边城市设计提出反馈意见。

施工图设计阶段重在配合接驳设施的设计方案,完成轨道交通接驳施工图设计,完成衔接设施方案报规报建手续。

3.2 各种交通方式接驳设施环境分析

轨道交通站点是以轨道交通为主导、多种交通方式辅助服务的综合型交通节点,与其接驳的交通方式主要有步行、非机动车、常规公共交通、出租汽车和小汽车5类。各接驳方式的接驳环境会在一定程度上影响和制约轨道交通全过程出行的竞争力,需重点分析各接驳设施环境,从乘客感知角度考虑各类接驳设施的服务水平。

3.2.1 步行接驳设施环境分析

步行接驳方式不需要借助其他载运工具,具有灵活便利的特点,因此在选择慢行交通接驳方式时被乘客广泛采纳。但步行接驳方式容易受到出行者体力有限、步速较慢等条件的约束,因此接驳距离相对较短,导致步行接驳出行的目的地一般都在轨道交通站点附近。

综合来看,步行接驳的步行速度既受到乘客的年龄、性别、出行目的等因素的影响,也与区域街景和步行通道的接驳环境等因素相关。譬如在以通勤为目的的出行中,乘客的步行速度都会相对快一些。

车站接驳环境的改善应重点关注周边步行环境的提升,为行人提供舒适、安全、连续的步行空间,应重点考虑步行的有效通行空间、过街的便捷性、车站各出入口步行非直线系数等。为了保证步行的交通安全,城市道路需提供必要的物理设施,如人行道、人行横道、人行隧道、人行天桥等。对于轨道站出入口步行非直线系数的计算,主要评估轨道站出入口设置是否合理,是否存在因为设置问题导致乘客绕路的情况。

3.2.2 非机动车接驳设施环境分析

与步行接驳方式相比,骑行接驳方式的行进速度相对较快,且与机动车接驳方式相比更为灵活,不受早晚高峰时段道路拥堵的影响。此外,与机动车接驳方式相比,骑行接驳成本较低,更容易为乘客所接受。因此,应构建一个空间连续、安全性高、设施充足的骑行接驳系统,重点对骑行通行空间及隔离形式、车站出入口周边停放空间两方面进行评估,充分考虑非机动车接驳需求特点,合理设置非机动车停车区。

在共享单车系统日益成熟的发展趋势下,骑行接驳设施供应不足的问题正在被解决,这使得越来越多的乘客开始青睐于骑行方式接驳。按此趋势发展,将会有越来越多的人转至非机动车交通出行,因此在既有接驳客流量的基础上,由其他交通转移至非机动车交通的客流量对设施规模的预测也存在较大影响。考虑到现状道路上使用的非机动车以共享单车为主,个人仅拥有短时使用权,停放后可供其他人继续使用,因此非机动车的停车周转率相比小汽车会更大。

非机动车接驳方式主要受天气条件、换乘距离、骑行熟练度、年龄大小、出行目的等因素影响。在考虑交通接驳时,应遵守城市交通总体发展规划、服务于主要受众群体的原则。同时,还应加强文明骑行倡导、优化配套设施建设、强化交通环境管理,以免对其他交通方式及居民生活产生干扰。

3.2.3 常规公共交通接驳设施环境分析

常规公共交通具有路网密度大、运量大、可达性强、覆盖面广等特点,是弥补轨道交通服务缺陷(不能提供"门对门"服务)最主要的交通方式。轨道交通与常规公共交通接驳主要受客流量、换乘距离、换乘时间、运能匹配度、商业战略价值等因素影响。在考虑交通接驳时,应遵守保持交通换乘连续性、减少各交通方式间相互干扰、提供快捷安全换乘服务的原则。同时,应根据轨道交通站点周边环境特点,优化衔接模式,在保证乘客安全的前提下,尽可能地缩短换乘距离、节约换乘等候时间,提高运能匹配度和换乘效率,充分发挥这两种交通方式的最大效益。

常规公共交通具有固定的出行线路和停靠站,发车时间间隔也呈一定的规律性,且具备较大规模的运输能力,是主要的城市交通方式之一。常规公共交通车辆在运行过程中,不同的道路拥堵程度和停靠站上、下车人数,会直接影响在指定停靠站中各常规公共交通的到站时间。因此,单位时间内常规公共交通到站的平均时间间隔和上、下车人数是影响常规公共交通接驳设施规模的主要因素。

常规公共交通接驳环境的提升也是轨道交通接驳改善过程中需要重点进行优化的内容,应构建起换乘便捷、候车舒适、覆盖面广的常规公共交通接驳系统。公交接驳环境评估主要考虑公交车站与轨道站点的步行换乘距离、公交车站的候车环境、公交车的发车频率3个方面的内容。对于公交车站与轨道站点的步行换乘距离,公交首末站与轨道交通站点出入口的换乘距离不宜大于100m,公交中途停靠站与轨道交通站点出入口的换乘距离不宜大于50m。

3.2.4 出租汽车接驳设施环境分析

出租汽车具有较高的可达性、舒适性、时间敏感性,能为实现"门到门"的自由快捷出行,受天气条件影响较小,这是非机动车无法比拟的。但出租汽车出行容易受交通环境、道路状况的影响,在早晚高峰期或遇到交通事故时,准时性难以得到保障,快捷性、舒适性也会受影响。对于出租汽车接驳轨道交通而言,主要受出行目的、服务质量、道路设施、交通状况等因素影响。

出租汽车的出行服务有异于常规公共交通,由于不存在固定的起讫点和服务线路,所以乘客的出行需求直接决定了出租汽车的停靠需求。由于出租汽车到站的不可控性,使得出租汽车单位时间内进站平均间隔成为出租汽车接驳设施的主要影响因素,在此基础上,确定合理的出租汽车停靠站规模。

除了大型对外枢纽站点外,为保障车站周边交通运行效率,设置出租汽车上下客点位,采用即停即走的方式,减少车辆过多停放对交通的影响,实现高效便捷转换。实践中可以利用出租汽车卫星定位数据,识别出出租汽车上、下客点位,精准定位车站周边机动车临时停靠需求。

3.2.5　小汽车接驳设施环境分析

小汽车与轨道交通的有效衔接对缓解城市交通拥堵有重要作用,建立合理的停车换乘接驳系统是引导客流由私人交通向公共交通转移的重要手段。与出租汽车相比,小汽车与轨道交通接驳形式相对多样,不仅可以设置路边临时停车位,也可以设置路外长时停放停车场。

小汽车的接驳设施分为即停即走车位和 P+R 停车场,即停即走车位的接驳设施和接驳环境考虑的因素同出租汽车上下客点位一致,通过提升候车环境,鼓励人等车的接驳方式和预约接送方式,减少车辆过多停放对周边交通的影响,实现高效便捷转换。P+R 停车场主要设置在外围轨道站点周边,应构建起外围换乘便捷、运行有序、衔接合理的小客车接驳系统,其规模主要取决于需要长时间停放小汽车的需求。此外,小汽车平均载客人数和停车周转率也直接关系到 P+R 停车场的规模。

3.3　各种交通方式接驳设施规模匡算方法

交通接驳设施规模测算采用定性和定量相结合的方法。定性分析综合考虑国土空间规划、城市综合交通规划、轨道交通线网和建设规划、轨道沿线用地现状与规划、交通管理政策等各项影响因素,确定轨道交通站点类型及配置衔接设施。定量分析以预测目标年轨道交通车站的地面集散客流、全日和高峰小时各出入口分方向客流等为依据,通过实地调查或参照现有所属地区和周边开发功能类似车站的交通衔接特征确定各类衔接方式分担比例,从而推算各类衔接设施规模。

其中,步行集散广场、常规公共交通停靠站场、出租汽车上下客点位和小汽车即停即走车位按高峰小时客流量计算,非机动车停车场、小汽车 P+R 停车场按日均客流量计算。交通接驳设施规模匡算流程如图 3-1 所示。

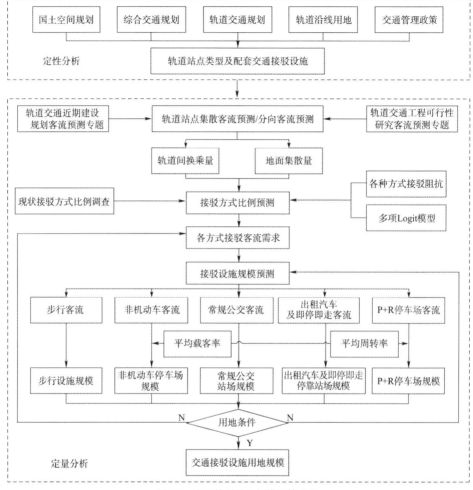

图 3-1 交通接驳设施规模匡算流程

3.3.1 步行接驳设施规模匡算

1)集散广场

采用行人时空消耗及设施广义容量分析方法来确定步行集散广场规模,两者的关系为:

$$C_w Q_w = S_w T \tag{3-1}$$

$$S_w = \frac{C_w Q_w}{3600} = \frac{S_1 L Q_w}{v_1 \, 3600} \tag{3-2}$$

式中：S_w——换乘客流所需空间，m^2；

C_w——行人的平均时空消耗；

S_1——步行动态空间，m^2/人；

L——步行距离，m，据轨道交通接驳客流调研，步行接驳平均距离为100～350m；

v_1——平均步速，m/s；

Q_w——高峰小时集散换乘客流量，人/h；

T——步行时间，s。

参考《道路通行能力手册》，E级服务水平（行人可忍受的极限水平）下，步行动态空间为0.75～1.5m^2/人，平均步速为0.8m/s。代入上式中，可得集散空间规模为2.6～5.2m^2/百人。考虑站点周边用地条件并预留弹性空间，建议步行集散广场按4m^2/百人测算。同时，参考《轨道交通线网规划标准》（GB/T 50546—2018），集散广场面积不宜小于30m^2。

2）人行道

人行道的设计应着重从保障步行者的出行空间和保障出行环境的整洁美观两大方面出发。保障步行者的出行空间主要从合理设计人行道宽度和设置隔离设施两个方面进行考虑；保障人行道的整洁美观则可从铺装的材质、颜色和方式等角度进行考虑。如在路段及交叉口处设置行人过街信号，提高步行者过街的安全性。在人行道起点处设置阻车桩，保障人行道不被机动车停车侵占空间，还要保障老年人、低龄学生和残疾人能够安全顺利过街，应对步行者尤其是步行者中的弱势群体给予人性化关怀，实现其出行的安全性、舒适性和连续性。

（1）人行道最小宽度。

《城市道路设计规范（2016年版）》（CJJ 37—2012）对各级道路及在不同用地性质条件下的最小人行道宽度值的规定见表3-1。

人行道最小宽度 表3-1

项目	人行道最小宽度(m)	
	一般值	最小值
各级道路	3.0	2.0
商业或公共场所集中路段	5.0	4.0
火车站、码头附近路段	5.0	4.0
长途汽车站	4.0	3.0

(2)通行能力要求下的人行道宽度。

通常,人行道的宽度应为人行带的整数倍,考虑通行能力要求下的人行道宽度计算公式为:

$$W_\text{s} = \max \begin{cases} V_\text{p}/(C_\text{ws} + W_\text{ps}) \\ W_\text{min} \end{cases} \quad (3\text{-}3)$$

式中:W_s——人行道有效宽度,m;

V_p——人行道高峰小时行人流量,人/h;

C_ws——人行带的最大通行能力,人/h;

W_ps——人行带的宽度,m;

W_min——人行道最小宽度要求值。

近年来,日常散步、跑步的市民明显增加,考虑到未来城市人口老龄化进程的加快,以及随着劳动生产率的提高,市民余暇时间的增多,利用人行道进行散步、健身活动的市民将会继续增加,人行道除了交通功能外,还兼有部分休闲、交流功能。

因此,应综合考虑人行道的各种需求,除了规定人行道宽度的最小值,还应结合站点周边用地属性和服务水平,给出人行道剩余宽度的推荐值。本书借鉴了北京市质量技术监督局发布的《城市道路公共服务设施设置与管理规范》(DB11/T 500—2016)中对人行道宽度的规定取值(表3-2)。

人行道剩余宽度推荐值　　　　表3-2

项　　目	人行道最小宽度(m)	
	一般值	最小值
快速路辅路、主干路	4.0	3.0
次干路	3.5	2.5
支路	3.0	2.0
商业或公共场所集中路段	5.0	4.0
火车站附近路段	5.0	4.0
长途汽车站附近路段	4.0	3.0
轨道交通出入口、综合客运枢纽周边50m范围内	4.0	3.0

(3)隔离设施。

为提高出行的安全性和连续性,在靠近非机动车车道或机动车车道的一侧,宜尽可能设置隔离设施来保护步行者的安全和路权免受侵害,可采取的隔离措施主要有:使用绿化带分隔、人行道护栏分隔和用不同颜色路面铺装等。当条件允许时,可采取抬高人行道和设置绿化带两者相结合的措施来保障步行者的路权和出行安全。各类隔离设施的特点见表3-3。

常用人行道隔离设施及特点　　　　　表3-3

隔 离 设 施	特　　　　点
绿化带分隔	能够缓解步行者的视觉疲劳,美化城市出行环境,具有很好的分隔交通功能,多适用于等级较高、对绿化要求高的道路
人行道护栏分隔	能够起到较好的隔离作用,但若发生交通,机动车仍可以冲破护栏对步行者造成侵害,适用范围较广
抬高人行道	空间上对人行道进行分隔,使机动车和非机动车不能随意挤压侵占步行者的出行空间,但这种分隔方式存在一定的安全隐患
画线分隔	画线分隔并非真正意义上的隔离方式,不能起到有效的隔离作用,不能有效保障步行者的路权和安全,多适用于低等级道路

(4)人行道铺装。

保障人行道出行环境的干净整洁和合理的铺装,铺装应根据道路周围环境和道路性质等特点进行综合考虑,在重要交叉口、分叉处等行人决策点,应通过变换铺装方式和改变铺装材质、颜色等方式来引导步行者的出行。

3.3.2 非机动车接驳设施规模预测模型

1)非机动车停车设施

非机动车停车场规模计算公式为:

$$S_{bi} = \frac{N_b}{\varphi_b \lambda_b} \times \alpha \times \bar{S}_{标} \tag{3-4}$$

式中:S_{bi}——非机动车停车场规模,m^2;

N_b——全日换乘客流量,人/d;

φ_b——平均载客数,人/辆,建议取值范围为1.0~1.2人/辆;

α——非机动车停车场最大瞬间利用率,依经验,取值范围为0.8~1.0,建议采用最大值1.0计算;

$\bar{S}_{标}$——非机动车车位面积,参考《城市步行和非机动车交通系统规划设计导则》,单个车位面积按1.8~2.0m^2计;

λ_b——周转率,共享单车接驳轨道交通比例占非机动车总量的98%,私人非机动车仅占2%,同时,接驳轨道交通的共享单车周转率为4.2~5.8次/d;因私人非机动车接驳轨道交通的比例较低,周转率可取5辆/车位。

相关数据代入公式,可得非机动车停车场按20车位/百人(即30~44m²/百人)的标准配套,在用地不足的情况下,建议采用立体停车场形式。

2)非机动车车道

在对轨道站点周边进行慢行交通规划时,在非机动车流量大的地方应尽量设置非机动车专用道,条件不允许时也应采取绿化带或护栏等隔离设施保障非机动车的路权和出行空间,此外,也可根据具体的实际情况采取彩色铺装或画线的方式对机动车车道和非机动车车道进行分隔。

非机动车车道宽度的取值应综合考虑非机动车的出行特性、非机动车流量组成特点、道路红线、土地性质等情况,充分利用有限的道路资源,合理设计,满足非机动车出行需求。《城市道路工程设计规范(2016年版)》(CJJ 37—2012)规定,一条非机动车车道宽度不少于1m,与机动车车道合并设置的非机动车车道的车道数单向应不少于两条,宽度应不小于2.5m;非机动车专用道路的宽度应包括车道宽度和两侧路缘带宽度,单向不少于3.5m,双向不宜小于4.5m。其非机动车车道宽度计算公式如下:

$$W_c = W_b + W_k + W_a \tag{3-5}$$

式中:W_c——单一车道宽度,m;

W_b——车把宽度,通常取0.6m;

W_k——横向摆动安全净空,单侧取0.25m;

W_a——预留安全距离,单侧取0.25m。

现实中,非机动车的通行权利正在被机动化停车蚕食。因此,应根据道路的等级、功能等情况进行综合考虑,采取灵活有效的隔离措施分隔机非交通流,利用绿化带、人行道护栏、行车带、铺装材料和颜色的不同进行分隔,保障非机动车出行的安全性、连续性和舒适性。

3.3.3 常规公共交通接驳设施规模匡算

1)公交首末站

公交首末站根据公交换乘客流量计算始发线路条数,再根据规范计算总规模。计算方法如下:

$$N_{bus} = \frac{Q_{bus}}{V_{bus} F_{bus}} \tag{3-6}$$

式中：N_{bus}——公交线路条数；

Q_{bus}——高峰小时始发线路换乘客流量；

V_{bus}——高峰小时公交平均上、下客量，根据公交数据，按 30 人/车计算；

F_{bus}——高峰小时发车频率，通常情况，发车频率按 5~6 辆/min、10~12 辆/h 计算。

代入上式，可得一条线路高峰小时始发站到发 300~360 人，而一般公交首末站与公交停靠站的分担比率为 50∶50，因此，建议设置公交首末站的启动阈值为 600 人/h。

公交首末站的规模可以采用以下公式计算：

$$S_{bus} = \sum_{i=1}^{m} b_i S_2 \tag{3-7}$$

式中：S_{bus}——公交首末站规模，m²；

m——始发线路的条数；

b_i——计算第 i 条始发线路的公交车辆数，以北京为例，现状平均每条线路的配车数约为 20 辆，参考《城市道路公共交通站、场、厂工程设计规范》（CJJ/T 15—2011），可取线路配备公交车辆数的 80%，约 16 辆；

S_2——公交首末站占地面积。

此外，公交首末站分路外和路边两种。一条路外公交始发线路用地规模为 1000~200m²，当换乘客流超过 600 人/h 时，可设置面积为 1200m² 的路外公交首末站，每增加 600 人/h，用地增加 1000m²。

路边公交首末站按国内港湾式站点基本设施尺寸要求，取 700m² 作为基准值，每增加 600 人/h，用地增加 500m²。

2）公交停靠站

根据公交线路运量及站台容量，计算得出各站点所需公交设施数量。一个公交停靠站站台每小时服务乘客所需有效站位计算公式如下：

$$N_b = \frac{J}{Q} = \frac{J(bB + t_c)}{3600BR} \tag{3-8}$$

式中：J——每小时服务乘客数，即公交与轨道换乘的高峰小时客流量，人/h；

Q——一个站位每小时最大乘客量，人/h；

b——平均停留时间，即每个乘客上、下车时间，s，建议取 2s；

B——乘客上、下车人数；

t_c——公交车间隔时间，s，即车辆到站与前车离站之最小车距，等于从前车开

始离站到下一车进站到达同一位置所需时间,建议取5s;

R——抵偿停站时间和到站时间波动的折减系数,反映车辆停站时间与到站时间变化程度对停靠站容量的影响系数,车辆到站与停站时间越均匀,此数值越大。一般最大不超过0.833。

同时,考虑到公交首末站与公交停靠站的分担比率为50∶50,换乘客流量高峰小时每百人应该设置0.10~0.20个公交停靠车位,不足1个车位按1个计算,其中,停靠站车位最多不超过3个。

3.3.4　出租汽车接驳设施规模匡算

1) 出租汽车上下客点位

出租汽车上下客点位车位数量可以用概率论的方法来进行计算。按照预测的客流总量及出行方式比例计算出租汽车的高峰小时到达车辆数。

参考现状调查数据,出租汽车平均载客数为1.8人/车。假定出租汽车服从泊松分布,则可按照下式计算出租汽车同时到达n辆车的概率:

$$p(n) = \frac{(\lambda t)^n e^{-\lambda t}}{n!}, n = 0,1,2,3,4,\cdots \tag{3-9}$$

式中:λ——车辆到达率,辆/s;

t——时间间隔,平均上、下客时间为28s。

以一个计算时间间隔内到达的车辆不超过设置车位数、概率不低于99%为原则,计算得到单个出租汽车上下客点位的规模(表3-4)。

高峰小时出租汽车换乘客流量与设置车位数对应关系　　　　表3-4

换乘客流量(人/h)	0~20	20~50	50~90	90~140	140~200
设置车位数(个)	1	2	3	4	5

出租汽车上下客点位一般分散设置在轨道交通站点出入口附近,每处1~2个车位,每个站点2~5个车位,能够满足200人/h的需求。当流量超过200人/h时,应当考虑设置出租汽车停车场。

2) 出租汽车停车场

综合枢纽通常设置出租汽车停车场,其规模的计算公式为:

$$S_{taxi} = \left(\frac{N_{taxi} K_{taxi} t_{w1}}{3600 P_{taxi}} + \frac{N_{taxi} t_{w2}}{3600 P_{taxi}} + \frac{N_{taxi} K_{taxi}}{P_{taxi} \lambda_{taxi}} \right) U_{taxi} \tag{3-10}$$

式中:S_{taxi}——综合枢纽内出租汽车停车场规模,m²;

N_{taxi}——高峰小时内换乘客流量,人/h;

K_{taxi}——出租汽车进入候客区比例,取 0.7~0.8;
t_{w1}、t_{w2}——平均每车上、下客时间,取 28s;
P_{taxi}——平均载客数,一般为 1.8 人/辆;
U_{taxi}——平均停车面积,根据《车库建筑设计规范》(JGJ 100—2015),地面停车场取 25~30m^2/车位,地下或专用停车楼取 30~35m^2,多层机械式停车应按产品设计图纸核算;
λ_{taxi}——周转率,取每小时 10~12 次。

将以上数据代入上式,可计算得到出租汽车上、下客分别约 0.3 车位/百人和 0.4 车位/百人,待发区约 3 车位/百人,总共 3.7 车位/百人,考虑超高客流等突发状况并预留弹性空间,建议取 4 车位/百人,则出租汽车地面停车场的规模为 100~120m^2/百人,地下或专用停车楼的规模为 140~160m^2/百人。

3.3.5 小汽车接驳设施规模匡算

P+R 停车场的规模计算公式为:

$$S_{P+R} = \frac{N_{P+R}}{P_{P+R} \cdot \lambda_{P+R}} E_{P+R} \qquad (3-11)$$

式中:S_{P+R}——小汽车停车场的规模,m^2;
N_{P+R}——全日换乘的客流量,人/h;
P_{P+R}——平均载客数,人/辆,据调查为 1.8 人/辆,规模计算按 2 人/辆计算;
E_{P+R}——平均停车面积;
λ_{P+R}——周转率,每个停车位以 1 次/d 计算。

将以上数据代入上式计算,可得地面 P+R 停车场的规模为 1250~1500m^2/百人,地下停车库或专用停车楼的规模应为 1750~2000m^2/百人。

第4章

面向系统整合的城市轨道交通接驳设施布局规划方法

第4章 面向系统整合的城市轨道交通接驳设施布局规划方法

轨道交通接驳设计应与城市交通发展政策以及城市用地规划相协调。交通接驳设施应从城市与交通整体发展的角度，立足于整个轨道交通网络提出车站各种接驳设施的设置原则，该原则应符合城市总体规划、综合交通规划等相关规划对各种接驳方式的定位，用以指导各线车站功能定位以及具体车站接驳设施构成与方案设计的总体纲领。

4.1 规划策略与布局原则

4.1.1 规划策略

轨道交通接驳理念是进行交通接驳规划、设计与管理等一系列相关内容研究和分析的指导性纲领，应遵循如下6点基本策略。

1）合规设计、承上启下

城市综合交通规划是城市总体规划的重要组成部分，而轨道交通接驳是城市综合交通的于细节处的体现，这要求交通接驳规划要符合城市总规和城市交通发展策略、服务于总体规划目标的实现。

由于城市的情况不同，包括土地发展模式、交通出行结构以及交通政策、交通发展目标等均不尽相同，轨道交通接驳作为城市交通系统的一部分，也会根据不同城市的具体情况制定不同的发展原则，与城市具体特点相结合，体现不同的发展目标和思想，切实的贯彻城市总体规划和综合交通规划的思想。

土地利用是城市总体规划的核心内容，它既是城市公共交通网络包括轨道交通网络规划的基础，也是规划工作服务的目标。轨道交通与其他交通方式的接驳规划和城市土地利用规划是相互影响、相互促进的。良好的轨道交通接驳规划能支持城市空间发展和地区中心的形成，并为其提供一个高效的公共交通运输服务，提高土地利用价值，最典型的是在轨道沿线形成以车站为中心的"串珠"式的区域中心。另一方面，良好的城市土地利用规划和控制，可以保证轨道交通接驳设施的用地和布局形成，提高交通接驳的效率、可实施性和安全性。

轨道交通与其他方式接驳研究是一项复杂工作，其目的在于对城市客运系统的两大子系统中封闭客运子系统和开放客运子系统之间进行科学的研究。首先，应将轨道交通接驳融入区域交通环境中，在区域交通的重要节点上，例如大型公交枢纽中，交通接驳规划应满足综合交通规划的要求，加强与常规公共交通

61

的接驳,兼顾其他各种接驳方式,合理组织人流和车流,以达到快捷、安全的接驳目的。其次,随着轨道交通的运营,以车站交通接驳为契机带动周边交通的完善也是轨道交通接驳研究的目的所在,对具体接驳点,还应从完善区域道路网、公交系统和交通出行环境的目的出发,根据具体条件确定接驳点在综合交通网络中的功能定位。

2)整体统筹、系统衔接

轨道交通接驳是一项复杂的整体性工作,涉及城市多项专业、多种交通方式,操作中也涉及各个工作部门,需从整体角度把握它们之间的联系和各自的功能作用,进行合理的功能定位和优化平衡,以追求整体效益最佳。交通接驳布局规划包括内、外两个层面;对外层次是指交通接驳与城市其他子系统之间的协调,包括土地开发(尤其是地下空间开发)、城市景观、绿化、道路交通组织与管理等。内部层次是在交通接驳中各个子系统之间的平衡、互补和匹配,包括各种接驳设施资源配置的最优化。

轨道交通接驳应着眼于全线的接驳设施配置甚至全网,单个车站的接驳设计并不是孤立的。以小汽车 P + R 停车场为例,通过对全网小汽车 P + R 停车场分布、对外交通走廊分布等的分析,可以选取最合适的车站位置设置小汽车 P + R 停车场拦截小汽车交通流,并给予合适的规模。

3)人性优先、集约高效

轨道交通接驳系统作为各种交通方式之间联系的纽带,是整个城市交通系统的重要节点。为了实现整个城市交通系统的人性化、高效率,这些节点的人性化、高效率影响巨大。

在轨道交通站点周边交通设施重新布置时,应由近及远布置从慢到快的交通接驳设施,出入口的集散广场与市政人行道应以最方便、最直接的方式相连,然后考虑适当规模的非机动车停车设施,常规公共交通站点应距离轨道出入口 150m 以内,除尽端站和远郊站外,不鼓励机动化接驳设施,例如 P + R 停车设施。

其中,步行系统的接驳客流量最大,同时也是各种交通方式最终的接驳形式,因此在轨道交通接驳设计中需要重点关注,应结合周边道路、过街设施、建筑进行综合考虑,保证步行系统的连续性、安全性和便捷性。

4)分级分类、一站一策

各种接驳方式的特点和在城市中的功能定位是不同的,轨道交通接驳必须首先明确各方式的优先级,对于接驳需求量大且政策明确予以支持的接驳方式应予以更多的重视,进行资源的优先分配。同一种接驳方式的效果也是随区域变化的,发挥的作用和规划侧重点不尽相同;同时随时间的变化,各种接驳方式在各个时期的要求也不一样。因此,接驳规划必须结合线路特点给出不同区域、不同阶段各种接驳方式的规划原则,以及在车站周边各种接驳设施的空间布设优先级和具体标准。

在城市不同区域,交通结构、交通政策、用地条件等是不相同的,在进行交通接驳规划时,就应根据不同区域的情况进行规划工作,充分把握各区域交通接驳的特点和要求。例如在城市核心区内,轨道交通线网密度大,车站数量多,车站周边大部分区域都处于步行直接吸引范围内,同时核心区土地开发强度高,接驳设施用地较为紧张,导致核心区内接驳方式以步行为主,接驳规划应重点考虑步行接驳规划。

轨道交通接驳设施布局和规划还需要分近期、远期进行统筹考虑。随着时间的变化,轨道交通线网的密度是逐渐加密的,车站空间距离逐渐减小,车站的吸引范围随着新建线路的增加而逐渐变小,从而导致步行接驳需求的增加。远期的出行方式,随着社会经济的进步,机动车逐渐增加,但道路的承载能力有限,非机动车、公交、轨道交通的出行结构也会产生一定的变化。中心区用地的变化和外围区的建筑容积率的加大,在近期和远期有可能对交通出行方式产生很大影响。因此,轨道交通接驳规划应能够适应近、远期不同交通需求的规模,采取近、远期规划相区分又相互结合的规划理念。

5)供需平衡、修旧如新

交通设施的需求和供给是问题的两个方面,需求是供给的依据,但供给条件反向作用于需求,这两者是相互影响、相互制约的,保持着相对的动态平衡。由于轨道交通车站周边环境、各种交通接驳方式特点、乘客的出行特点等方面的情况不同,不同车站各种交通接驳设施的需求和供给条件会根据情况发生变化。为了贯彻规划思想,在不违背总体发展政策的情况下,应使设施的供给尽可能满足需求,以提高接驳服务水平;同时,当受供给条件限制,或为保持与相关规划、政策的一致性,需要通过供给的调整,发挥接驳设施供给对需求的调节和引导作用,达到合理条件下的一种需求状态。

不管是新建轨道交通站点,还是既有设施改造时,都应以所处道路的规划情况为前置条件,而非现状道路条件,应充分考虑并预留道路实现规划的条件。除站前集散外,还应考虑到排队、安检等空间需求,尽可能利用工程技术手段,避免将车站附属设施布置在道路红线以内,尤其是道路中间的分隔带上。现状站点周边道路空间存在人行道宽度不足等情况时,还应当利用局部渠化等措施,对周边交通系统进行修复。

6)配合政策、注重管理

轨道交通开通前应提前对站点周边道路交通情况进行交通影响评价,并提出相应的改善建议,预留规划设计条件。根据《北京市交通影响评价管理办法》第5条规定,以城六区为例,交通影响评价的启动阈值为"地上建筑规模超过1万平方米的公建类及超过3万平方米的居住类",折合高峰小时进出人流量不足1000人次/h,而一般轨道交通车站高峰小时3000~5000人次/h的人流量对交通的影响已经远超出普通建设项目。

轨道交通接驳系统是连接轨道交通与其他城市综合交通系统的纽带,交通接驳系统也受到轨道交通和其他综合交通方式的多重影响。同时,城市管理的水平是不断提升的,市民和乘客的要求也是不断变化的,这要求接驳设施的面貌不断地更新和优化。建议引入和形成后评价动态调整机制,每5年根据客流情况、区域交通发展的现状来及时调整轨道交通接驳设施的功能、规模和交通组织。

此外,轨道交通开通运营后,对站点周边人群的出行方式也带来了较大改变,人们可以通过慢行接驳选择轨道交通的出行方式,这就涉及周边道路上小汽车交通与慢行交通路权的重新划分,通过压缩机动车空间,把更多的空间留给人的活动。

轨道交通接驳从规划、设计,到建设、运营,涉及多个部门,各种交通方式又存在相互配合、相互协调的问题,因此,交通接驳是一项庞大的系统工程,为了保证整个系统功能的发挥,就需要各个部门、各个专业相互配合,需要相关政策和管理措施的统一协调。例如,在轨道交通接驳规划中轨道交通与常规公共交通线网的整合是关键环节,但公交线网的调整涉及面较广,且是项复杂的系统工程,因此是轨道交通接驳规划自身难以解决的,需要由权威部门牵头从整个公共交通体系优化的角度进行协调和整合。再如,轨道交通接驳设施的收费与管理也是确保接驳设施功能发挥不可缺失的环节,只有提高设施管理水平、辅以优惠的收费政策才能更好地吸引其他方式使用者换乘轨道交通出行。

除科学地规划设计道路空间和交通设施外,还应在站点周边的道路上加装共享单车电子围栏、违法停车视频监控等交通管理设施,以维护站前的道路交通秩序。

4.1.2 布局原则

相较于其他公共交通方式,轨道交通线路站间距较大,覆盖范围及吸引范围有限,难以实现门到门的服务,因此轨道交通系统需要与其他交通方式紧密衔接,从而发挥其最大作用。

(1)步行,是进出轨道交通最直接、最便捷的衔接方式,衔接规划要优先考虑,充分体现"以人为本"。

第4章 面向系统整合的城市轨道交通接驳设施布局规划方法

在轨道交通客流构成中,步行是最主要、最便捷也是最为环保、节能的衔接方式,无论使用什么交通工具,最终都将转化为步行方式进出车站。因此,对待步行应充分体现"以人为本"的交通理念,将其放在所有衔接方式最优先考虑的位置,通过集散广场、人行道和过街设施等为步行提供安全、连续、便捷和舒适的步行空间。

随着北京市轨道交通网络的完善,城市中心区大多区域处于直接吸引范围内,尤其在核心区,应重点强化步行方式的衔接。

(2)常规公共交通,承担轨道交通线路以外的公共交通出行,是衔接规划中重点研究的衔接方式。

在轨道交通接驳客流中,常规公共交通仅次于步行的交通方式。轨道交通工具的衔接方式中,常规公共交通人均占用资源少、效率高,应成为首要提倡的衔接工具。

通过常规公共交通线路与轨道交通的衔接,形成以轨道交通线路为骨架、市区线和郊区线大公交为辅、区域小公交为必要补充的"鱼骨"结构网络,从而建立层次完善、协调配合的城市综合公共交通体系。

在不同区域、不同时期,轨道交通车站的覆盖密度不同,采用常规公共交通换乘轨道交通的客流需求则不同,因此,对常规公共交通的功能定位以及确定两者之间的关联关系,需要持分区域、分时期和分等级的观点区别对待。

以北京市为例,在核心区二环以内,近期轨道交通线网密度将会达到 $1.2km/km^2$,公交设施的配备也较其他区域相对完善,乘客主要采用步行或非机动车作为轨道交通接驳方式,但同时也存在一定常规公共交通换乘轨道交通的客流需求。远期规划线网覆盖密度达到了 $1.64km/km^2$,轨道交通将成为公共交通的主体,常规公共交通起辅助作用,因此常规公共交通换乘轨道交通的比例将降到最低水平。

在中心区二环至四环之间,随着轨道交通线路的不断增加,车站之间的空间距离不断缩小,车站直接吸引范围覆盖面积不断增大,乘客中利用步行和非机动车到达轨道交通车站的量将较多,同时利用公交换乘轨道交通的比例也会保持在一个相对较高的水平。此外,各车站周边的用地开发已经达到了一个相当的水平,车站的乘降量相对较大,由于中、小巴的客运能力相对较小,因此不宜布置中、小巴客运与轨道交通车站衔接,减少地面交通系统的压力。

在四环以外区域,轨道交通车站直接覆盖比率较低,应根据车站的乘降量适当增设以车站为起终点的中、小巴常规公共交通线路,接送距车站较远的居民乘坐轨道交通,既提高轨道交通的客流吸引力,方便市民公共交通出行,也为远期大型公交场站的改建保留用地条件。

(3) 非机动车,是间接吸引范围内客流的有效衔接方式,衔接规划应需求与引导并重。

非机动车以其经济、方便、灵活、环保等优点,逐步成为轨道交通重要的接运方式。在相当长的时间内仍是人们交通出行的主要方式之一。在轨道交通接驳规划中,应通过完善非机动车专用道路、停车设施,并提高对停车场的管理水平,引导换乘轨道交通出行,从而限制远距离的非机动车出行。

考虑不同区域城市土地资源不同、车站吸引范围不同,对非机动车停车场设置应采取不同供给政策。对于市中心区轨道交通车站,在用地条件允许的地方,应设置相应的非机动车停车场,可采用集中或分散的布局形式。对于轨道交通线路两端的新发展区和城乡接合部,应设置较大规模的非机动车专用停车场,扩大轨道交通的吸引范围。

(4) 出租汽车,满足多层次服务需求和方便部分乘客,是衔接规划的必要考虑对象。

出租汽车能够覆盖广泛的城市范围,但是价格高,容易遇上拥堵,特别是在上下班高峰期时段。如果同时结合出租汽车和轨道交通,不仅仅达到了广泛的覆盖范围,也能够缩短用户的出行时间、降低出行费用。根据北京市交通发展战略,今后将在完善公共交通网络的基础上,通过有效管理降低出租汽车的空驶率。因此,轨道交通车站的衔接规划要适当设置出租汽车停靠站,鼓励出租汽车定点停靠,可以减少空驶而降低对道路交通的负荷。

出租汽车衔接规划要结合区域的需求管理政策和道路组织要求,分区域、分时期采取不同策略,对于中心区以设置临时停靠站为主,方便与轨道交通换乘;而在外围,由于公交线网尚不发达且衔接距离较远,通过设置出租汽车候客区来为乘客提供方便的服务。

(5) 小汽车,作为客运系统的必要补充,衔接规划应重在通过建立停车换乘体系,引导转向轨道交通出行。

随着北京市私人小汽车的激增,城区道路网逐渐趋于饱和,通过完善轨道交通车站的停车换乘体系,吸引一部分小汽车使用者换乘轨道交通出行,从而减轻道路交通压力,同时有利于城市环保和能源节省。

小汽车衔接规划主要考虑设置 P+R 专用停车场,并辅以相应的优惠收费政策,设置原则需要结合城市交通需求管理政策及停车设施供给原则综合考虑。P+R 停车场设置的主要目的是拦截外围区域(包括外围区县和新城)小汽车交通流和对

第4章 面向系统整合的城市轨道交通接驳设施布局规划方法

外交通车流,满足中长距离停车换乘服务,对于区域中短距离的衔接需求应重点通过常规公共交通或区域小公交解决。因此,P+R停车场宜设置在外围末端站附近,并结合对外公路、快速路与轨道交通接口位置综合考虑。

4.2 多方式系统整合与接驳设施一体化布局

总结北京市轨道交通既有线和国内已运营其他轨道交通的车站衔接客流方式构成规律,将车站划分为如下三大类型。

4.2.1 交通枢纽接驳设施布局方法

综合枢纽站一般采用放射–集中的建筑布局模式,需要换乘的不仅仅只是轨道和常规公共交通,还有轨道与轨道之间,与城市铁路、长途客车、出租汽车、社会车辆等的换乘。在规划轨道交通线网布局及路网构架条件下,以人流组织为核心主线,进行枢纽站区设施布局,根据枢纽区位和功能分析,借鉴国内外综合枢纽成功案例,交通接驳规划总体思路如下:交通接驳以轨道、先行为主,最大限度实现人车分离;落实公交优先战略,合理规划公交场站,限制小汽车接驳;合理设置出租汽车接驳场站及旅游公交接驳场站;结合枢纽上盖物业开发进度,分近、远期布置接驳设施。

(1) 以人为本。

枢纽布局应围绕行人流线组织进行,满足行人的基本需求,并与人流特征相符。以人行为中心组织水平及竖向交通,构建多层人行系统,尽可能分离人流、车流,同时保障换乘的便捷性。

(2) 公交优先。

站区布局应与城市整体交通发展策略相一致,促进公交优先。接驳方式的人流优先顺序应为轨道>公交>出租汽车>社会车辆,应重点保障城市轨道。

公交等公共交通设施客流进出站的顺畅,尤其需重点考虑轨道交通线路之间的客流换乘。

(3) 枢纽空间整体性。

为降低枢纽对城市空间布局造成的分割,应把枢纽空间作为城市步行空间的重要组成部分进行规划,充分利用自然环境和设施空间,创造舒适、便捷的步行系统。为确保枢纽城市功能的实现,规划应充分利用地上、地下空间,将枢纽与周边街区自然地联系起来,最大限度发挥枢纽的交通便利性,引导城市发展。

(4)预留弹性,有利分期施工。

充分考虑不同设施可能的实施主体和建设时期,明确各类设施边界条件和接口,预留分期建设的弹性,满足未来的交通需求。

4.2.2 换乘站接驳设施布局方法

区域交通枢纽站一般位于城市区域交通中心,市内、外次一级交通衔接点,轨道交通的起讫点站,具有客流相对集中、换乘量较大、辐射面较广等特点,其相对综合交通枢纽规模较小。

公交的首末站、区域公共交通换乘站与轨道交通的衔接站一般应规划为区域交通枢纽站,在区域交通枢纽内,需要控制足够的交通设施用地,而且要进行详细综合规划布局,使各种交通方式停车场地布局合理、换乘方便、出入交通组织顺畅。

利用先进的交通设施和组织空间立体化衔接,合理地分流不同性质和不同方向的交通流。

4.2.3 一般站接驳设施布局方法

一般车站的功能主要是用来集散车站周边区域的客流,因而此类车站一般按照服务对象进行更加详细的划分。本书将车站按照周边用地类型分为旅游休闲区车站、大型公共建筑车站、商业服务类型车站、教育科研服务类型车站、高新科技产业区服务类型车站、居住服务类型车站以及特殊的服务车站。

旅游休闲区车站是指车站的服务区域主要是大型公园、旅游区、游乐园等。此类车站的服务对象主要是来参观或者休闲的人员,其高峰客流时间、出行换乘方式相对于其他类型的车站有明显的不同。并且,因为景点的不同,其人员的构成有显著的不同。此类车站出入客流的主要出行目的均为旅游休闲,因为休闲区域距离车站出入口较近,一般多采用步行方式。同时车站附近区域其他的服务对象均距离较远,多采用非机动车或者公交车换乘,两者中非机动车构成比例相对较小。

大型公共建筑车站是指车站的服务区域主要是医院、剧场、图书馆、体育活动中心等区域。以北京地铁为例,如军事博物馆站、白石桥站等,属于大型公共建筑车站。此类车站的服务对象主要是来学习、锻炼或者就医等利用公共设施的人员,其高峰客流时间、出行换乘方式相对于其他类型的车站有明显的不同。此类车站出入客流的主要出行目的均与其服务的公建类型有关,因为其位置一般距离车站出入口较近,多采用步行换乘。同时车站附近区域其他的服务对象均距离较远,多采用非机动车或者公交车换乘,但其用地规模相对较小。

第4章 面向系统整合的城市轨道交通接驳设施布局规划方法

商业服务类型车站是指车站的服务区域主要是大型商场、商品批发销售中心、购物中心等区域,例如西单、王府井等。此类车站的服务对象主要是来购物的人员,其高峰客流时间、出行换乘方式相对于其他类型的车站有明显的不同。此类车站出入客流的主要出行目的是购物,因为其位置一般距离出入口较近,近距离多采用步行,远距离一般采用公交换乘轨道交通。

商务办公服务类型车站是指车站的服务区域主要是商务办公场地等区域,其中最典型的就是国贸站,其他的车站有部分功能。此类车站的服务对象主要是办公的人员,其高峰客流时间多在上下班时间,出行换乘方式较多采用步行或者公交,相对于其他类型的车站采用非机动车较少。

教育科研服务类型车站是指车站的服务区域主要是大学、科研机构地等区域,其中最典型的就是学院路站、双榆树站、成府路站等。此类车站的服务对象主要是学生,其高峰客流时间多在周末,出行换乘方式较多采用步行或者公交,相对于其他类型的车站采用非机动车较少。

高新科技产业区服务类型车站是指车站的服务区域主要是高新技术产业区、科研机构地等区域,其中最典型的就是上地站等。此类车站的服务对象主要是办公人员,其客流高峰明显,出行换乘方式较多采用步行或者公交,相对于其他类型的车站采用非机动车较少。

居住服务类型车站其服务的区域主要是生活居住区,其中最典型的就是回龙观站、石榴庄站、劲松站等。此类车站的服务对象主要是在此居住的人员,其高峰客流主要是上下班出行,出行换乘方式较多采用步行或者非机动车,相对于其他类型的车站采用公交车较少。

在一些特殊的服务点,比如天安门、奥体中心站,其出行特征都有各自的特点,一般需要个别分析其出行特征,做出合适的布局和规模。

4.3 车站与接驳设施的交通组织优化

4.3.1 城市轨道沿线公交设施优化

1)公交线路优化

接驳公交线网对轨道交通系统起到两方面的作用,为轨道交通系统的上、下客流提供方便快捷的换乘,满足轨道交通系统运行中的运量需求,加强轨道交通系统作为中长距离交通方式的功能特性。交通接驳背景下的沿线公交线网重点在与轨道交通线路关系的处理,主要对轨道沿线的公交线路采用"纵向加密、横向抽疏"的策略进行优化,加强与轨道交通线路衔接,减少无效竞争。轨道交通与沿线公交统筹考虑,构筑以轨道交通为骨干、快速公交为网络、常规公共交通为基础的多模式、一体化、三网融合公交体系。

对于不同走廊的相关公交线路,根据线路与走廊的几何关系,结合现状客流特征以及运营情况进行调整,公交线路与轨道交通的几何关系一般有4种,如图4-1所示。

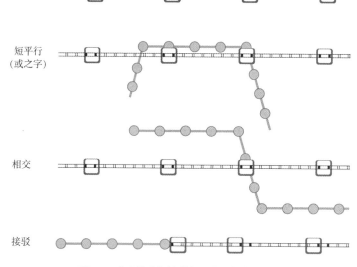

图 4-1　公交线路与轨道交通的几何关系分类

围绕轨道交通调整公交线路,确立轨道交通在城市客运系统结构中的骨干地位。以放射状组织与轨道交通主要站点(综合交通枢纽和区域枢纽站)衔接的公交线路。调疏与轨道交通走向平行具有客流竞争的公交线网(与轨道交通走向重叠区间一般不超过三个轨道交通站区间)。保留适当规模做辅助线,起分流作用。优先保留历史较长而载客率较高的公交线路,尽量减少对居民出行习惯的影响。出于对设施改造成本的考虑,优先保留电车线路。通过在外围轨道交通站,尤其是末端站增设接驳的中、小巴公交线路,增强向周边的辐射能力和居住小区的客流集散能力。具体而言:

(1)第一层次:沿线公交线网的抽疏,实现常规公共交通与轨道交通双赢的局面。

在轨道交通一次吸引范围(800m)内,轨道交通由于其快速、准时等特点,吸引大量的直接客流,与常规公共交通是一种竞争关系。而在一次范围外,应为常规公共交通换乘轨道交通营造条件。轨道交通线途经的某些区域没有道路或者规划道路尚未形成,因此,该通道的公交线路主要布设在相邻的道路上。但随着轨道交通线路的运营,这些公交线路有可能与轨道交通形成客流竞争。因此,应将轨道交通线路直接吸引范围内或有可能形成客流竞争关系的公交线路都纳入优化调整的范围。

对于轨道交通走向重复长度较大的平行公交线路进行抽疏,主要针对超过五个轨道交通区间的公交线路。具体做法包括:取消途经的公交线路;将公交线路局部改道或缩短公交线路的走向。

(2)第二层次:在外围车站和枢纽车站增加接驳公交线路,增加轨道交通的辐射范围。

根据土地利用的开发,以外围轨道交通车站、端点站或综合枢纽为核心形成辐射状接驳公交线网,重点连接客流需求较大的外围区、居住小区,通过轨道交通与公交的换乘,加大轨道交通车站对这些地区和新建道路所经区域的辐射。

在轨道交通车站交通接驳设计层面,一般对于公交线网的调整限于局部微调,在轨道交通新线开通前期,应从线网层面对沿线公交线路进行调整。

2)公交场站优化

轨道交通车站周边公交场站一般分为两种:一种为公交首、末站,另一种为公交停靠站。在城市中心区的用地比较紧张,一般在轨道交通附近按照客流方向布置公交停靠站,在外围区和部分交通枢纽点根据用地状况和客流需求布置公交首、末站。

(1)公交停靠站。

公交停靠站一般布置在道路交叉口附近,为避免影响交叉口交通流的正常运行,与交叉口应至少保持50m的距离。按照客流方向,公交站点的位置在符合规范的情况下,应就近轨道交通站出入口布置,以减少换乘距离。

在公交换乘客流较大的轨道交通车站,应尽可能提供公交车优先的专用道、利用机非隔离带设置港湾式停靠站,既提高公交的停靠能力,又减少对道路交通的影响。

公交停靠站的车位数,应与接驳公交的线路条数、车辆配备、乘客上下所需时间、车辆停靠所需空间等相协调,并为将来线路发展留有余地。

同时,轨道交通出入口布置应有利于各方向的乘客换乘,尽可能减少横穿街道的次数,并在出入口显著位置设置通往不同公交车站的指示标志。

（2）公交首、末站。

公交首、末站的选址受到公交线网布局、周边道路网建设，以及交通政策、经济和城市建设目标等因素的影响。规划一个新的站、场时应着眼于融入既有公交线网和道路网以及周围的用地形态。

在轨道交通站周边附近的公共汽车首、末站进出车辆一般和其他道路交通流之间存在的交织关系，应根据站场的规模来考虑设置一个或者两个进出口，根据进出口的开口道路交通流线组织交通。在公交车站内部应为待发车辆设置足够的停车位和待发车位以及宽度合适的公共汽车道。

设计时还要注重乘客如何到达公交首末站的问题。乘客的进入方式必须从一开始就能被人自然而然地接受，而避免采取强制性的措施，给乘客带来不便。所以，原则上应尽量少使用地下通道。这一规划目标在邻近换乘其他交通工具的地点也同样适用。

4.3.2 车站周边机动化交通组织优化

轨道交通车站周边发生交通拥堵的原因主要有：

①轨道交通施工有周期长、范围广、施工机械多等特点，均对构成道路交通系统造成影响，如占用道路空间、压缩车道宽度。

②交通导改频繁，影响驾驶员习惯，降低道路通行能力。

③交叉口渠化不完善，部分路口禁止左转，影响部分方向通行能力。

④机动车、非机动车、行人集中、混行，降低通行能力。

应针对存在的问题，通过现场调研、流量预测、仿真分析等手段有针对性地提出优化改造措施。主要的优化方案包括：

①增建导流岛，调整路口渠化，根据路口几何形态建设导流岛，规范各不同转向车流行驶方向。

②完善非机动出行设施，轨道交通施工完成后及时恢复人行道设施，保证足够的人行道宽度及连续性；在路口增加非机动车隔离带，减少非机动车与机动车混行。在周边公交车站处做站台港湾式改造，并将非机动车车道进行后绕式改造，减少公交车对正常交通的干扰。

③增加路面彩色铺装，在交叉口非机动车车道出入口处、非机动车过街路段增加彩色铺装，并将路面斑马线进行立体式设计，提升交叉口标识标线的辨识度，保证不同方式的路权，确保交叉口交通秩序。

④增加可变车道，交叉口左转需求量大，通过增设可变车道来加强左转通行能

力。左转车道是指进口道左转排队车辆借用出口道空闲车道进行排队,并及时左转让出口道,可以在不影响其他方向通行的情况下增加左转通行能力。为配合左转车道设立,需要根据信号配时计算适当的排队区长度,并在入口处设置信号控制灯。

4.3.3 车站周边非机动化交通组织优化

车站周边步行组织优化应使轨道交通与非机动车、公交车、出租汽车之间联系便捷,凸显人性化设计,各种交通方式分区上落客减少相互干扰。

首先,为了减少城市人流与轨道交通客流的交织,应在外围增设公交站点;其次,可以设计一部分休闲广场,创造良好的空间,形成对城市人流的一种缓冲地段;最后,可以将广场入口处增宽、引导人流进入广场,增加广场的吸引力。

站前广场中的人流不可避免地会有过街需求,从而与城市车流形成交织。可在规划设计中合理利用轨道交通站站型空间,增加过街通道功能;或者在站前广场附近架设行人过街天桥,避免与车流交织。困难条件下,可在次干路、支路上设置行人过街信号灯,方便行人过街。

作为短距离出行的必要交通工具,对于轨道交通乘客利用非机动车进行换乘应采取鼓励政策。

非机动车停车场的规模应根据轨道交通车站的客运量、周边用地性质、附近公共交通发达程度等因素综合考虑,并进行预测分析,根据需求和车站周边用地供给状况确定。

非机动车停车场的规划设置应避免对周围道路及交叉口的干扰,易于非机动车交通的集散。同时协调非机动车交通与其他交通方式在道路设施和运行组织上衔接关系,重点建立非机动车交通与公共交通的换乘体系,发挥各自交通运输方式的优势,提高综合交通运输效率。

对于轨道交通车站周边非机动车停车场,其进出停车场的道路网应满足以下条件:

(1) 应满足非机动车交通需求,特别是职工上下班的出行需求,使规划路网的布局与主要交通流向相一致,缩短非机动车出行距离,充分发挥非机动车主通道的运输效率;

(2) 通过实施必要的机非分离措施,减少非机动车交通与其他交通方式间的相互干扰,形成结构清晰、功能明确,具有一定连续性和可达性的非机动车车道路网络系统;

（3）非机动车专用路的设置应与城市土地利用相结合，与城市环境相协调，在满足交通功能的同时，创造良好的城市空间环境；

（4）非机动车车道路网规划应为非机动车交通的组织与管理创造有利条件；

（5）规划非机动车路网与城市规划布局和道路网络相协调，与非机动车交通出行分布相一致，满足近、远期非机动车交通发展需求。

优化非机动车停车设施布局，也能够起到优化车站周边交通组织的效果。因此，在轨道交通车站周边应当设置规模合理的非机动车停车设施，并在布局方面注重以下要点：

（1）根据交通需求预测布局规模合理的非机动车停车设施。非机动车停车场与机动车停车场布局要点类似，但是由于非机动车的体积较小，停车方便等特点，能够采取更灵活的停车形式。值得注意的是，交通调查显示，一般轨道交通站周边自行车停车场的周转率为 1.25～1.50，中心区周转率较高，外围区域周转率较低。应当因地制宜地加以选择。

（2）为方便使用，非机动车停车设施应当主要采用平面布局。考虑到在城市中心繁华地段，开辟停车场很困难，利用道路绿化带、较宽人行道的行道树间空地分散设置一些自行车停车场地。多功能立体自行车库在占地面积不变的情况下向地下和地上发展多层存放，可节约土地 75% 以上，具有操作简单、自动存取、科学管理等优点，方便市民的同时彻底解决了自行车乱停乱放问题，主要形式有矩形多层、柱式和塔式。车库内部为 $4m \times 3m \times 3.6m$ 模块的设计组合，可视地形情况变化融合在建筑物和轨道交通口过道中。

第5章

城市轨道交通接驳空间品质提升精细化设计方法

第5章　城市轨道交通接驳空间品质提升精细化设计方法

轨道交通车站周边包含了乘客进出站、市政、照明、景观、休闲等多种功能,这些功能体现在站点站前广场乘客集散、与其他交通方式换乘、车站附属设施设备、给排水照明、周边配套商业服务等公共设施和要素上,形成一个多元复合且充满活力的立体空间。

5.1 车站公共空间交通与景观融合设计

车站建筑外部空间(图5-1)是由车站建筑辐射产生的空间,与车站建筑关系密切,其设计手法有别于一般的城市外部空间环境设计,需要予以整体考虑设计。因此,在满足人流疏散等交通功能的同时,对其紧密连接的周边环境需要进行环境艺术设计,以创造能提供人们休闲、游憩的高品质公共空间。

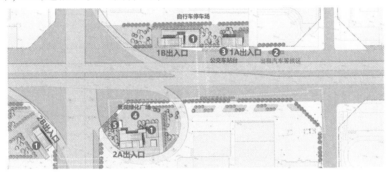

图5-1　轨道交通车站建筑外部空间示意
1-自行车停车场;2-出租汽车等候区;3-公交车站台;4-景观绿化小广场;5-地铁便民服务亭

5.1.1 车站公共空间交通与景观融合设计理念与方法

车站公共空间设计中针对所在地域特色的车站结合当地文化脉络及周边景观资源,有意识根据地形的起伏多变,设置多层次、多方位视点以突出城市轨道站作为城市文化载体的作用。利用一般意义上的过渡和半封闭等特殊构造方式来丰富空间,同时可以从人的感官如视觉、听觉、嗅觉等和心理感知所能捕捉的信息作为空间的临界点来进行拼接空间。毕竟开敞空间中所塑造的层次不仅仅是人的物质和感官所触及的领域,它更多地延伸到心理和精神领域。有意识地让外部景观渗入车站内部,同时借助景观的融合让乘客的感官向外延伸,形成人与景观的互动机制。这样不仅将周边景观生态效益最大化,同时增强了人与景观接触的概率。

景观风貌主要控制要素应结合轨道交通站点的现状情况和规划要求,科学合理地制定;包括点状空间要素(如车站建筑及附属设施的风格、形态、色彩、材质等)、线状空间要素(如地下公共空间的导向标识、用于提升公共空间品质的壁画等墙面艺术,高架轨道交通线路的桥体、地面线路的安全隔离围挡等)和面状空间要素(如轨道沿线建筑及构筑物风貌和站点周边绿地景观等)。

　　交通人群的复杂决定了车站行为的复杂和不确定性,决定了轨道交通车站出入口周边必须存在必要的休憩设施和多样的服务。休息座椅是公共空间中必备的设施,虽然随着城市生活节奏的加快,人们短暂休息的需求可能不是非常强烈,但可供休憩的座椅仍然必不可少。另外,出入车站的空间应针对行动不便者增加无障碍设计,让所有人在出行过程中无须他人照料而感到安全舒适。还有诸如报刊亭与厕所的设计需要注重位置,便于识别,并避免出入口周边机动车流线与人流线产生交叉(图5-2)。

图5-2　北京市轨道交通10号线莲花桥站B口与周边停车场人车交织问题严重

　　建筑的物质环境是由自然环境开始的,建筑必须对特定区域和地段的各种积极的物质因素与条件给出直接而持续的回答,因而建筑形态必定是对基地的一种回应,建筑与自然环境的结合可以归结为建筑的地点性。车站及出入口作为轨道交通建筑的重要节点,在任何不同的地点,条件总是不相同的,出入口的衔接必须与自然环境相结合,顺应地点的自然环境,合理地利用其有利条件。这一点在复杂的现代环境下不容忽视,在设施稠密和寸土寸金的地方,它甚至完全支配着建筑形态朝某一个方向发展。

　　另外,在车站公共空间设计中不仅要注重阳光、绿化等自然要素的引入,而且应注重同外部环境氛围相呼应,反映地区特征,从空间特色入手营造不同车站的特色。要尽力将外部的自然景色和环境的特色信息引入换乘空间,使地面环境的特色在轨道交通空间中得到反映。这不仅有利于创造令人振奋、充满活力的空间,也有利于加强空间的归属感和可识别性,方便乘客在空间的定位。不仅使其明确了地理位置,具有自身的文化特色,而且延续了城市的文化脉络,使轨道交通空间与城市的地上环境形成一体。

5.1.2 城市轨道沿线景观廊道与慢行交通网络融合设计

城市景观是由若干个以人与环境相互作用关系为核心的生态系统组成。城市的景观生态结构脆弱,自我调节能力低,需要依赖外界的物资流、能量流、生态流的输出、输入,以维持自身的稳定。交通廊道是城市生态系统能量流、物资流、信息流、人员流等必由之路,交通廊道的畅通才能保证城市功能的完善。

轨道交通作为人工廊道,串联周边主要居住、商业、教育、科研、医院、文体娱乐等功能区块,将城市的基本功能通过交通建成完整体系,提高城市的通达性。在景观层面达成联通性,建成以轨道交通为轴的景观廊道,使功能拼块之间各种生态流输入、输出运行通畅,从而保证城市的高效运行,增强城市景观生态体系的稳定性,确保城市的健康、可持续发展(图5-3)。

图5-3 站点周边合并绿地空间,设置集中开放的开放空间

首先,慢行空间具有扩散效应,能够有机融合站域周边的各个城市功能要素,促使城市各项功能的交混,同时吸引大量客流,为轨道交通站的触媒效应提供充足的原料和动力。其次,轨道交通车站站域空间的触媒效应具有相应的边界,边界效应会随着距离站点的长度的增加而削弱,慢行空间的构建有利于延展触媒效应的边界范围。系统化、连续化的慢行空间加强了站点的步行可达性,轨道交通车站的集聚效应和磁力效应能够沿着慢行空间的网络辐射到周边更广的区域。研究表明,轨道交通站点的影响范围一般为500m,在慢行空间与站点结合紧密、高效、舒适的条件下,轨道交通影响的辐射范围可拓展到800m甚至更多。因此,保障车站

周边慢行交通路权是十分必要的(图5-4)。

图5-4 地下通道衔接方式平面示意图、剖面示意图

1) 车站周边与慢行交通融合设计

可将出入口空间、行进空间、驻留空间等以不同的植物和建筑通过合理布局营造不同的空间氛围。入口空间应体现尺度精细化、颜色多彩化以及视野丰富化特征。行进空间需避免视线的通透,应具有移步换景,层次丰富的空间感受。驻留空间需注重背景环境塑造,具有标志性景观并营造视觉中心,提供轻松愉悦的休闲氛围。边界应延续整体场地绿化风格,可将内、外空间进行分割,形成半开放的活动空间。

轨道站点核心区内步行系统设计应与换乘设施、周边建筑一体设计,使步行系统与轨道站点的衔接尽量便捷,避免行人绕行(图5-5)。

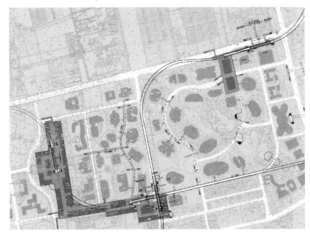

图5-5 步行系统与轨道站点的衔接尽量便捷

轨道站点核心区内步行系统设计应人车分行,并与公共空间结合,综合考虑遮阴挡雨设施、街道家具、铺装、标识等的设置,保证步行空间的环境品质,满足全天候使用的需求。

2)沿线景观与慢行交通融合设计

(1)高架线。

相较于地下轨道交通,地上线或者高架线路具有工程量小、投资少的优势,但同时会对地面景观带来割裂或隔离。相比于地下段,大部分高架线路及车站主要使用统一的暗色系,大型整体的表面处理,给人沉重及大型的视觉感受,形成对城市景观的负面影响,造成割裂。针对这些特点,首先应从建筑布局、结构形式、环境设施上全面构思,并非简单地功能堆砌。巧妙利用所处地段的地形地貌、环境特征、空间尺度。城市的轨道交通受到周边条件的影响,如将轨道交通设计成在景色中运行的动线,可与周边的景观环境构成一幅巨大的动态画卷。因此,高架线路的设计应充分注意线型同区域特点、土地规划、原有道路的协调,平面线形应尽量平衡、流畅;车站设计应尽量位于线路两侧的绿化带内,这将改善街道景观以及人们的心理感受。

结合高架桥周围环境特点,在环境上注重遵循区域环境规划,强调高架桥梁与周边环境的协调与融合,运用建筑美学的方法,立足于高架结构、人和环境三个角度,秉承以人为本的精神,依据宏观构景、中观造势、近观显巧的景观设计原则,对轨道交通高架进行景观设计。

高架轨道沿线景观是城市空间的重要组成部分,通过沿线防护绿带的建设可以形成良好的生态屏障,起到改善环境质量、消除粉尘废气、阻隔噪声等防护作用,缓解轨道交通高架区间段给城市环境带来的不利影响。通过对沿线进行绿地恢复,融入丰富精神内涵和特色理念的环境设计,使其成为城市中的活力系统,同时有效保持了生态的连续性,完善区域生态系统,对于全面提升城市绿化建设规模和标准、实现城市绿肺功能起到积极作用。

(2)地下线。

轨道交通廊道作为城市未来的发展轴线,串联了多种功能区联系,同时反哺支撑周边功能区拓展开发,因而聚集了最多的慢行客流、慢行路径和慢行吸引点。叠加上站点 TOD 发展模式的紧凑开发原则,用地、交通和功能布局一体化发展,沿轨道交通轴向拓展500m 范围内的交通廊道,成为站域慢行空间的活跃地带。慢行空间沿轨道交通轴线布局拓展,使公交接驳无缝连接的同时,也为轨道交通运营带来更大的客流量,形成了双向互补的机制(图5-6)。

图 5-6 与轨道交通配套设施融合设计

通过出入口与周边景观及建筑的融合,增加了人行廊道的通达性,同时提供了高效、安全、便捷的慢行廊道。使地下轨道交通线路与沿线景观廊道融合,增加车站周边优质慢行空间,加强与周边功能区域的通达性。

5.2 车站旅客信息引导服务一体化设计

5.2.1 设计原则

标识系统是帮助使用者进行空间定位及确定最佳路线的公共服务设施。其设置基本原则包括:

(1)建立完善的系统,使用适量、连续、统一的标识方式,起到主动提供信息的作用。

(2)标识系统内容简明、易懂,标识尺寸应根据空间尺度和使用环境确定,并符合视距、视野、亮度要求。

(3)尽量满足所有使用人群(高龄、伤残、外国等人士)的需求。

(4)标识构造应牢固,并方便维护和更换。

(5)轨道交通周边车行标识系统(P+R停车场、出租汽车等)应符合区域城市设计导则。

(6)轨道交通识别标识应为出入口周边标识系统中最主要的信息,宜结合城市形象和特点进行设计。因周边建筑、绿植等环境限制,单个轨道交通识别标识不能满足功能时,应在出入口周边设置多个轨道交通识别标识。

(7)出入口周边标识应具有明确的层次关系,根据标识的功能,结合客流路径及周边城市景观、建筑合理设置。

5.2.2 标识系统设计标准

依照国家现行标识标准和轨道交通标识需求,轨道交通站点周边公共空间标识系统应包含导向标识、位置标识、安全标识和无障碍标识四类,本书则按照车站各区域特点对四类标识进行布局(表5-1)。

现行轨道交通标识系统设计参照的相关标准　　表5-1

标识系统设计过程	标 准 标 号	标 准 名 称
标识系统内容设计	GB/T 10001.1—2012	公共信息图形符号　第1部分:通用符号
	GB/T 10001.10—2014	公共信息图形符号　第10部分:铁路客运符号
	GB/T 15566.1—2020	公共信息导向系统　设置原则与要求　第1部分:总则
标识设置方式和放置位置设计	GB 50688—2011	城市道路交通设施设计规范(2019年版)
	DB11/995—2013	城市轨道交通工程设计规范
	GB 15630—1995	消防安全标志设置要求
	GB/T 15566.1—2020	公共信息导向系统　设置原则与要求　第1部分:总则
	GB 2894—2008	安全标志及其使用导则

轨道交通站点外的道路广场引导标识宜在以站点各出入口为中心、500m半径范围内设置,具体设置需结合周边人口密度、道路状况及车站规划进行确定。

5.3 车站站前广场市政配套及附属设施设计

市政设施的规划设计需统筹安排公共空间内的轨道交通车站附属设施和站点周边公共空间内的城市市政设施,使其在满足使用功能的基础上,达到美化公共空间、提升公共空间品质的目的。

市政设施的规划设计、施工、运营、管理,除满足国家现行标准外,还应注意:

(1)新建综合类轨道交通站点的,应与轨道交通内和更大范围的城市市政基础设施相连通,为远期预留设施接口条件。

(2)增建连接类和提升改造类轨道交通站点的,应结合相关专业需求,在满足相关标准、规范和条例的条件下,逐步改善与轨道交通内和更大范围的城市市政基础设施间的连通关系。

5.3.1 给排水工程设计

　　轨道交通车站站前广场作为城市最重要的交通枢纽,为乘客们提供了一个换乘、集散、休息的场所。但是,站前广场的排水问题仍是一个难题。通常,排水对象的形成过程具有不确定性,比如,降雨、地貌地势和下垫层等客观条件的不确定决定了排水对象的模糊性和随机性。针对站前广场雨水积水,排水系统不畅的问题,需对排水系统进行改造。由于改造范围为车站站前广场,因此排水系统的升级改造不包含站前广场外的市政排水系统。为避免因市政排水不畅产生的雨水倒灌等问题,也需要对相关车站室外的市政排水系统进行相应升级改造。

　　海绵城市理念的核心是注重对雨水的收集和利用,应在满足轨道交通车站站前广场游憩、交流等基本功能的前提下,注重施工建设。可采用渗水铺装结合雨水收集系统,通过自动收集将雨水收集到明沟、暗沟以及地漏等装置中,以满足生活和绿地用水;或者设计蓄水池和渗透井等装置来蓄水。最终实现对自然水的合理利用,完善地下水循环系统,降低地面水的积水量,从而保障人们的出行安全(图5-7)。

图 5-7　市政井盖处理形式示例及意向

　　通过艺术与技术结合的处理手法,将市政管线地面附属设施(井盖、变压器和控制机柜等)进行美化和消隐处理,尽量使市政设施与周边环境取得风貌主题上的一致。

站前广场通常也包括的小品、建筑等设施,可通过下沉式庭院和花园来增加建筑物的绿化比例,提高涵养水源的能力。在绿化屋顶设计时,利用"海绵城市"理念和技术手段,能够使雨水大量保留在屋顶绿色植物的土壤中,提高雨水的利用率并调节温度。

1) 建设原则

(1) 生态保护原则:在对现状影响最小的情况下,在站前的广场上进行景观设计和海绵城市改造设计。

(2) 效益兼顾原则:利用现有条件,采取经济合理的改造方法和手段,切合实际解决雨水问题,提升景观效果;合理划分施工周期,采用阶段性施工方法,尽量不影响站前广场的正常使用。

(3) 安全可靠原则:结合实际情况,消除和解决雨天积水问题,确保大雨时广场的使用安全性。

2) 改造方案

(1) 设置透水铺装积下凹式绿地。

在仅进行地面环境升级,不涉及新建建筑物及硬化地面的改造车站,优先采用"透水铺装 + 下凹式绿地(图 5-8)"的排水改造方案,在满足相关规范且不影响周围广场道路的前提下,解决站前广场雨水积水的问题。

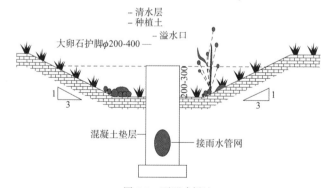

图 5-8 下凹式绿地

注:图片来源于《西宁市海绵城市建设设计导则(试行)》(DBJT 26-53)。

(2) 设置透水铺装、下凹式绿地及雨水调蓄池。

在需要设置较大范围的停车场、天桥及雨棚的车站,根据规范要求,需要设置雨水调蓄池,采用"透水铺装 + 下凹式绿地 + 雨水调蓄池"方案,在不影响周围广场道路的情况下,在靠近停车场硬化地面或雨棚硬化屋面的位置,结合景观要求,设置雨水调蓄池,以此解决站前广场雨水积水的问题。

雨水调蓄池中的水优先用来冲洗道路及绿化浇洒,不作为车站内部用水,避免相关改造对车站运营产生影响。

(3)设置透水铺装、雨水花园和下沉式绿地。

建议将此种方法主要使用于轨道交通站前广场面积相对较大的地区进行设计实施。结合海绵城市理念,主要可采用雨水花园和下沉式绿地两种海绵城市常见设计手段。雨水花园是通过在地势较低区域种植各种植物形成景观优美的绿地,实现蓄水功能和对雨水的充分利用、减少地表径流并补充地下水,改善水资源利用情况。下凹式绿地也称低势绿地,则是利用开放空间承接和储存雨水,达到减少径流外排的作用。

5.3.2 电器照明工程设计

轨道交通站点周边灯光照明设施主要是供轨道乘客、行人使用的慢行空间照明设施,优先保障轨道乘客、行人、非机动车骑行者等安全出行轨道交通站点周边灯光照明设施示意如图5-9所示。

图5-9　轨道交通站点周边灯光照明设施示意

注:图片来源于《城市轨道交通站点周边地区设施空间规划设计导则》(T/UPSC 0003—2021)。

1)设计原则

轨道交通站点周边灯光照明设施设置应遵循以下原则:

(1) 保障夜间车站周边慢行空间安全、有序、清晰。
(2) 增强车站周边照明对出入口的引导性。
(3) 严格保证照明设施与其他安全设施无冲突且相互协调。

依据《城市道路照明设计标准》(CJJ 45—2015)相关规定,道路照明需满足路面平均亮度(或路面平均照度)、路面亮度总均匀度和纵向均匀度(或路面照度均匀度)、眩光限制、环境比和诱导性的评价指标要求(表5-2)。人行道路照明应满足路面平均照度、路面最小照度和垂直照度要求。

《城市道路照明设计标准》(CJJ 45—2015)人行道路照明标准值　　表5-2

夜间行人流量	区域	路面平均照度 E_{av} (lx)	路面最小照度 E_{min} (lx)	最小垂直照度 E_{vmin} (lx)
流量大的道路	商业区	20	7.5	4
	居住区	10	3	2
流量中的道路	商业区	15	5	3
	居住区	7.5	1.5	1.5
流量小的道路	商业区	10	3	2
	居住区	5	1	1

2) 设计要点

轨道交通站点周边人行通道应提供必要的夜间灯光照明设施,灯光照明设施应围绕人流集中的人行通道设置,其数量、形式和亮度宜满足《城市道路照明设计标准》(CJJ 45—2015)的人行道照明要求,轨道交通站点核心区的灯光照明设施宜按商业步行街类型的高标准设置。

轨道交通站点周边地区的交通节点(如人行、自行车、小汽车等交织并易发生碰撞的节点)和公共交通设施(如公交车站、站点出入口、巷道)处提供必要的灯光照明设施,起到交通导向和保证安全的作用。轨道交通站点周边地区较宽的道路和人行道宜设置人行道专用柱灯,人行道较窄的街道可结合沿街建筑物或围墙设置人行道壁灯。安全问题突出的地区宜加强照明。

轨道交通站点周边灯光照明设施位置应设置合理,与架空线路、地下设施、站点出入口以及影响维护的建筑物保持安全距离。照明设施位置应避免与行道树、广告牌等产生冲突。在行道树遮光严重的道路,宜选择横向悬索布置方式,或地埋灯布置方式,灯光设计宜避免或减少光的直射,当灯具位于居住楼附近时,需要考虑住宅方向的光线防护,防止灯光直接照射住宅窗户。

鼓励采用多杆合一模式,在满足行业标准、功能要求、安全性的前提下,新建街道路灯杆与交通设施杆件宜整合设置,以减少街道上立杆的数量,保持街面整洁。现状道路既有道路灯杆与小型交通设施杆宜整合。在照明灯杆上统一设置电源 USB 插座、人流监控等智能设施设备,鼓励使用智能节能技术,节约能源并减少光污染。

3)主要照明设计实施措施

(1)轨道交通出入口照明及周边景观照明应根据周边整体景观规划,在城市重点打造区域有地域特色的夜晚风光,提升车站出入口周边的使用者感受,产生带动效应。

(2)位于城市森林公园、环城生态区及其他自然生态区、居民集中区、工业区等区域的出入口照明及周边景观照明,应采用静态色彩淡雅的照明,不应使用高亮度、高功率的照明设施,不宜使用炫目刺眼、动态变化的灯光装置。

(3)位于文化旅游区的出入口,照明应考虑游览的路径和观赏视角,采用多元化、多层次的照明方式,可结合优质户外广告灯箱,打造商业街区夜晚繁华景象。商业核心区可考虑使用彩色光源,但应避免使用大红大绿等艳俗刺眼的色彩。

(4)针对亮灯分时控制,在满足安全的前提下,周边景观照明可设计"节假日、平时、深夜"三种模式。

(5)出入口应考虑夜间及特殊天气情况下的灯光照明,并满足相关规范及节能要求。

(6)通常出入口照明及周边景观照明主色调以"黄白为主、暖黄为辅"。具体在设计中,则可根据出入口周边建筑风貌特点、街区主照明色调要求,设计确定该区域的景观照明主色调。

(7)在文化元素需要进行重点强调,或有城市光彩照明要求的区域,可在出入口等出地面附属设施引入光彩照明工程,提升城市景观效果,丰富城市文化内涵。

(8)采用集散式路灯控制系统,集中管理、分散控制。照明远程单灯智能控制系统由城市监控中心上位机管理软件、集中控制器、单灯终端控制器组成。集中控制器与监控中心上位机通过通用分组无线业务技术(General Packet Radio Service, GPRS)、5G 远程通信,集中控制器与单灯终端控制器之间信号采用电力载波传输;道路照明采用手动控制、自动控制(光控、时控)、远程控制。控制系统具备单回路开关控制及单个路灯的开关和调光控制能力,实现定时、智能和手动开关及调光。

5.3.3 视频监控设施设计

(1)监视功能。工作人员监视车站周边主要道路、出入口、周界围墙等重点区域图像;值班员监视站前广场人员情况、旅客安检情况、非机动车停车场情况、P+R停车场以及其他重点区域相关处所。工作人员可在各自的显示终端或大屏幕上任意调看任意摄像机的图像;中心工作人员可调取相关图像信息。

(2)录像功能。车站对本地所有摄像机摄取的视频信号进行实时不间断录像,视频信号保存时间≥90d;具备录像丢失、失败告警功能。

值班员可根据时间、地点等信息对广场任何一路图像信号进行检索及查询,并可对所观看图像进行本地录像,录像资料应便于日后检索及查询。

(3)字符叠加功能。系统应能将摄像机的号码及位置、摄像日期和时间等信息进行叠加,以便在监视器上显示。

(4)系统网络管理功能。主要负责对视频监视系统进行综合的监视与管理,在必要时对系统数据及配置做及时的修改。

(5)系统网络管理功能。主要负责对所有前端与后台设备视频监控系统进行综合的监视管理,在必要时对系统数据及配置做及时的修改。

(6)联动功能。具备与场区内其他系统联动接口,接受联动专业触发信号后可在指定监视器上显示指定摄像机画面,根据需要可与周界防范系统等联动。

5.3.4 环境卫生设施设计

1)绿化植栽

(1)植物。

小面积的站前广场不涉及绿化植栽,但如果涉及景观设计的站前广场就需要绿化景观设计。建议站前广场以乡土树种以及经试验适应本地生长的植物树种为主,外来树种作为点缀,避免景观单一。并且注重本地树种的推广应用,积极挖掘和开发有特色的、观赏价值高的、适应性强的乡土树种。

除此之外,增加花灌木、观色叶、关果植物的使用数量,确保站前广场一年四季富有色彩变化。人流动线范围内间隔种植乔木。

建议植物结构比例分配如图5-10所示。

图5-10 站前广场绿化设计绿植结构比例分配

选择协调统一的基调树种,增植、补植行道树应选择符合区域特色的、整洁美观、生长良好、适应性较强的树种。并且要合理控制乔木规格及种植间距,其规格应控制在冠幅≥4m,株高>10m,分支点高度>3m。除此之外,站前广场可以选择简洁、整齐的灌草配植,形态整齐、易修剪的篱状灌木,显示强烈的整体感(图5-11)。

图5-11　站前广场绿植

(2)树箅子。

树箅子的材质主要分为金属(图5-12)和菱镁复合材料。金属材质加卵石填充的优点是样式多样,视觉效果美观,但易盗,且价格高。菱镁复合材料的树箅子坚固耐用,制作成本低,可任意着色,安装维护方便。

图5-12　金属材料树箅子意向图

2)保洁设施

垃圾桶是站前广场的主要保洁设施。垃圾桶的材质主要包括不锈钢、铸铁、塑料、镀锌板等。其中,不锈钢材质垃圾桶(图 5-13)造价高,但形象美观,使用寿命长。铸铁材质垃圾桶造价低,但使用寿命相对较短。塑料垃圾桶主要采用高密度聚乙烯或聚丙烯原料注塑制造,环保耐用。具有有效防止弱酸、弱碱的腐蚀的特性。不易造成垃圾漏出,同时易于清洁,减少垃圾残留。自重较轻,方便运输,节省空间与费用。但相对于钢制木质垃圾桶来说,没有那么坚固。为了防止钢板表面过快遭受腐蚀,延长钢板的使用寿命,在钢板表面涂上一层金属锌,这种涂锌的钢板就称为镀锌板。由于镀锌板材质的性价比较高,所以建议在站前广场等露天场所设置镀锌板垃圾桶。

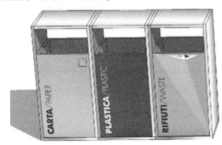
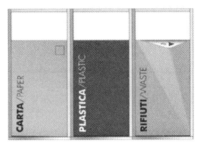

图 5-13　不锈钢垃圾桶意向图

随着垃圾分类政策的逐步推进,人们对垃圾分类的意识也有所提升,"分类式户外垃圾桶"的设置起到积极的促进作用。户外垃圾桶需要耐酸碱,抗老化,并且经得起太阳的暴晒,在长时间的暴晒下不能变形,还要防止易燃。

第6章

基于多源大数据的城市轨道交通接驳设施服务水平评价

轨道交通由于其自身的局限性,不能实现"门到门"的服务,必须与其他方式进行接驳,接驳过程是轨道交通出行必不可少的环节。尽管政府部门或者轨道建设部门在前期轨道交通设计和建设过程中考虑了交通接驳的相关工作,但最终实施方案是否能够满足乘客的出行需求,是否能够顺畅地实现不同交通方式之间的转换需要进行综合评价。轨道交通接驳的服务水平直接影响乘客选择轨道交通出行的意向,进而影响轨道交通客流量和城市绿色交通的出行分担率,因此对交通接驳服务进行综合评价是最终体现接驳工作是否合理、科学、人性化的关键。本章从轨道交通接驳设计及运营的全周期角度出发,提出了预评估和后评估两阶段的评价指标体系,并且结合多源大数据,针对北京市已开通运营的轨道交通接驳服务进行了评估,为相关领域的工作人员提供实践基础。

6.1 城市轨道交通接驳设施服务水平评价指标体系构建要点及原则

6.1.1 注重城市轨道交通全生命周期的接驳设施服务水平评价

轨道交通接驳应贯穿于规划、设计、建设及运营4个阶段,与此同时,轨道交通接驳服务评价,也应该贯穿始终。结合实际工作情况和需求,将接驳服务评价划分为规划设计阶段的预评价和运营阶段的后评价(图6-1)。

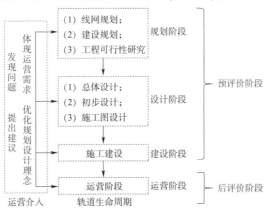

图6-1 接驳服务分两阶段评价的工作机制

预评价是指针对轨道交通车站开通之前,在规划设计方案阶段所进行的评价。后评价是指轨道交通开通运营后,每5年根据轨道交通运营情况、区域交通发展现状来进行评估,便于及时调整交通接驳设施的功能、规模和交通组织。这两种评估机制,由于所处阶段、资料基础、评估目的不同,所对应的评估指标体系也呈现不同特征,后续会分别提出两阶段的评价指标体系。

6.1.2 建设全方位、多维度的接驳设施服务水平评价指标体系

为了向乘客提供良好的换乘环境,最大限度减少乘客换乘不便,轨道交通站点周边交通接驳服务水平的评价应包括轨道交通与其他换乘方式的物理设施一体化评价、交通组织一体化、空间品质一体化三大方面,从空间、时间、舒适性、满意度等多个维度全面评价,以提升轨道交通的使用效率,进而促进站点服务能力(图6-2)。

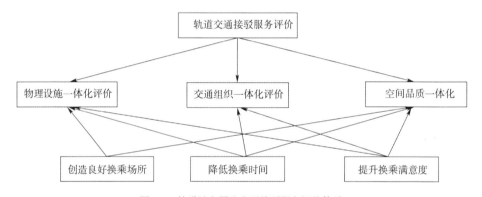

图6-2 轨道站点周边交通接驳服务评价体系

6.1.3 接驳设施评价指标体系构建原则

1)坚持目标导向

轨道交通接驳设施评价主要服务两个目标:一是评价方案设计的合理性、科学性和先进性,是否能够满足设计规范标准要求等;二是考虑到前期规划设计中的需求预测与实际运营后存在一定的偏差,因此在轨道交通开通运营后,需评估接驳方案是否能够满足实际开通的需求。

轨道交通接驳设计需要满足以下原则:

(1)交通接驳设施要与周边城市交通融合,与周边的建筑、地下空间、道路系统、市政管线以及景观环境一体化设计、一体化运营和一体化管理,避免出现多头管理、协调出错的问题,因此在方案前期规划设计之前应提前给予考虑。

(2)交通接驳设施应考虑步行有限、方便可达的原则。轨道交通主要的接驳方式是步行,并且接驳其他类型的交通方式也均需要利用步行系统进行换乘,因此

在实际设计项目过程中,更应该注重步行系统的接驳,并且特别注重良好的步行空间的营造。

(3)交通接驳设施要实现土地集约化利用。轨道交通周边的土地非常紧缺,需要在有限的土地中提供合理的接驳设施,因此可以考虑立体化的布设方案,实现土地的集约利用。

2)坚持实操导向

任何一个评估指标体系都要有实操性,需要综合设计师、政府、专家等人员的意见,多方面统筹考虑其可评价性。

(1)可获取性。原则上以定量指标为主,可根据大数据或者实际方案计算手段求得,但是考虑到公共空间品质相关的指标定量化较难,因此也引入部分定性的指标,通过调研或者专家打分法获得。

(2)可比性。同一指标可用于不同时期、不同城市的比较,即指标应尽可能量化;对于非定量指标,应有确定性的、表明相对优劣程度的评定标准。

(3)可持续性。指标体系需要动态修正,要能够滚动使用,并且指标体系根据不同的评价对象和目的可以进行组合。

3)坚持多元导向

轨道交通接驳评价应摒弃传统的"就设施论设施"的调查评估思路,改为从"行人视角"出发,从"换乘流线"上分析出行者在整个换乘过程中可能遇到的阻碍,包括轨道交通有无过街通道、轨道交通非付费过街通道是否连续、是否被挤占等。要从以人为本的理念出发,从乘客出行的便捷性、出行环境的舒适性、安全性等方面综合进行评价。

6.2 城市轨道交通接驳设施服务水平预评估指标体系

预评估指标体系主要评价目标是评价设计人员的方案是否合理,所设计的设施能力是否能够满足需求,设计的位置是否存在引发交通组织混乱的可能,以及设计方案是否能够满足乘客的安全、舒适出行的诉求。从静态设施层面、动态设施层面以及服务品质层面,提出以下评估指标体系,见表6-1。该体系可以作为实际设计项目工作过程中的自查表,或者结题评审的专家评审表,具有较强的实用性,其中静态设施层面对应目标为设施能力,动态交通组织层面对应目标为换乘便捷,服务品质层面对应目标为舒适安全。

接驳设施服务预评估指标 表 6-1

一级指标（目标层）	二级指标（准则层）	三级指标（评价层）	计 算 公 式	量纲	来源
设施能力	接驳设施设计供给能力是否满足规范要求以及测算的接驳需求	出入口连通率	轨道交通车站出入口与周边建筑物直接连通情况	%	方案设计
		站前广场满足率	站前广场设计面积/站前广场需求面积	%	方案设计
		人行道满足率	人行道宽度/规范要求宽度	%	方案设计
		自行车道满足率	自行车道宽度/规范要求宽度	%	方案设计
		非机动车停放设施满足率	非动车停车场面积/需求面积	%	方案设计
		常规公共交通站台设施满足率	常规公共交通接驳站台设计数量/需求数量	%	方案设计
		出租汽车设施满足率	出租汽车停车位设计数量/需求数量	%	方案设计
		信息指引服务设置满足率	出租汽车停车位设计数量/需求数量	%	方案设计
		站前广场市政配套及附属设施	出租汽车停车位设计数量/需求数量	%	方案设计
		无障碍设施设置率	无障碍设施数量/规范要求数量	%	方案设计
换乘便捷	接驳设施位置设置是否合理科学	换乘流线顺畅度	各种交通方式换乘流线畅通性（所有换乘路径中路径交织比例）	%	方案设计
		换乘时间适配性	各种交通方式之间换乘时间不高于规范要求的数值，或者建设单位所提要求	%	方案设计
		换乘设施能力	各种交通方式换乘通道、楼扶梯、大厅等区域的能力匹配性（空间能力/换乘需求）	%	方案设计
舒适安全	方案设计是否舒适美观	公共空间舒适度	现场调查人员根据以下指标按 A～E 级别给予打分，最后进行排序： （1）车站周边绿化程度； （2）车站周边夜间照明亮度； （3）车站周边街道家具设施完备程度； （4）轨道交通出入口站前广场空间品质	—	专家评价

98

续上表

一级指标 （目标层）	二级指标 （准则层）	三级指标 （评价层）	计 算 公 式	量纲	来源
舒适安全	方案设计是否舒适美观	环境安全性	车站800m范围内公共空间及相关设施是否符合相关建筑安全及管理规定，符合即为1分，不符合为0分	—	专家评价
		城市风貌识别性	现场调查人员根据以下指标按A～E级别给予打分，最后进行排序： （1）车站周边建筑可识别性； （2）车站周边风貌协调程度； （3）轨道交通的标志标识体系完备性	—	专家评价

6.3 城市轨道交通接驳设施服务水平后评估指标体系

1）后评估指标体系介绍

对接驳服务设施进行后评价，主要是考察开通运营后，轨道交通乘客对站点周边接驳服务的总体满意度，包括目标层、准则层、评价层3级指标体系，从安全、便捷、可靠、经济4个维度进行评估。评价指标体系见表6-2。

接驳设施服务后评估指标　　　　　　　　　　表6-2

一级指标 （目标层）	二级指标 （准则层）	三级指标 （评价层）	评价标准及方法
安全	站外周边安全	人身财产是否安全	结合乘客满意度调查问卷进行评价，见表7-3
		行人过街是否安全	
	车站秩序稳定	行人秩序是否有条不紊	
		导流设施是否齐全	
	突发事件处置有效	大客流情况下应急疏散	

续上表

一级指标 (目标层)	二级指标 (准则层)	三级指标 (评价层)	评价标准及方法
便捷	车站运营基础指标	进出站客流量	数据来源为轨道交通IC卡数据,为车站全日进站量与出站量总和,可用来评价车站在运营状态下对客流的吸引力
		车站出入口数量	数据来源为地图POI数据,为车站开放使用的出入口总数,可用来评价车站与周围地块的连通性
		建筑一体化实现指数	数据来源为地图POI数据,为车站与周边建筑直接连通的出入口总数占车站出入口总数的比例,可用来评价车站与周边建筑连通的便捷性
	车站800m范围内交通系统基本情况	轨道出行率	数据来源为手机信令数据,为车站周边800m半径范围内居住人口使用轨道交通出行比例,可用来评价站点使用轨道交通出行便捷性
		路网密度负荷指数	数据来源为地图API数据,为车站300m半径范围内快速路密度和800m半径范围内主、次干路及支路密度的集成,可用来评价站点周边道路的步行友好性
		150m范围内常规公共交通线路数量	数据来源为地图POI数据,为车站出入口150m半径范围内常规公共交通站点换乘的常规公共交通线路总量,可用来评价站点周边常规公共交通接驳便捷性
		步行10min可达性	数据来源为Mapbox api,为以车站为中心、步行10min可达范围比例
	换乘距离/时间	出入口换乘各交通方式的距离	评价人员利用皮尺或激光测距设备进行现场实地勘测。按照以下标准划分服务等级:换乘距离D_{ij}(单位:m)在50m以下为A级,在50～150m之间为B级,150～300m之间为C级,在300～600m之间为D级,在600以上为E级;平均换乘步行距离U(单位:m)在50m以下为A级,在50～150m之间为B级,在150～300m之间为C级,在300～600m之间为D级,在600以上为E级。建议服务等级B级以上,首末站或客流量较小的站条件不足时,可适当调整服务等级,但不允许出现E级服务水平。测试结果应做以下分析:按照进出站流线、换乘流线的顺序依次测量计算出每点处的通行能力。通行能力最小点的通行能力为整个流线的通行能力。在提高流线顺畅性时,重点改善通行能力最小点处的设施。并保证其他点处的通行能力与之相匹配,以免造成浪费
		出入口与常规公共交通站点的距离	
		出入口与出租汽车站点的距离	
		出入口与公共自行车站的距离	
		出入口外步行过街的距离	

续上表

一级指标（目标层）	二级指标（准则层）	三级指标（评价层）	评价标准及方法
便捷	接驳换乘能力	非机动车换乘能力	核算轨道交通站点内到换乘流线、进出站流线瓶颈处的通行能力，以此检测接驳设施能力满足情况。按照以下标准划分服务等级：人均占有空间$(1/P)>5.6m^2$/人，流率$(P×V)≤16$人/(min·m)为A级；人均占有空间为$3.7\sim5.6m^2$/人，流率为$16\sim23$人/(min·m)为B级；人均占有空间为$2.2\sim3.7m^2$/人，流率为$23\sim33$人/(min·m)为C级；人均占有空间为$1.4\sim2.2m^2$/人，流率为$33\sim49$人/(min·m)为D级；人均占有空间为$0.75\sim1.4m^2$/人，流率为$149\sim75$人/(min·m)为E级；人均占有空间≤$0.75m^2$/人，流率不定为F级
便捷	接驳换乘能力	常规公共交通换乘能力	
便捷	接驳换乘能力	出租汽车换乘能力	
便捷	接驳换乘能力	小汽车换乘能力（P+R停车场）	
可靠	信息提供准确	公告提示清楚	结合乘客满意度调查问卷进行评价，见表6-3
可靠	信息提供准确	导向标识清晰	
可靠	信息提供准确	手机、计算机等设备信息便捷	
可靠	站外换乘接驳时间	最长等车时间	
可靠	站外换乘接驳时间	高峰时期进出站时间	
可靠	站外换乘接驳时间	平峰时期进出站时间	
经济	是否有换乘优惠措施	P+R停车场是否有优惠	
经济	是否有换乘优惠措施	换乘常规公共交通是否有优惠	
经济	是否有换乘优惠措施	换乘自行车是否有优惠	

其中,安全、可靠和经济需要依靠乘客问卷调查,便捷层面的指标属于客观评价层面,需要评价人员依据现场调研的情况给予客观的定量数据评价。

2)乘客满意度调查问卷

针对接驳设施的评价指标体系,构建乘客满意度调查问卷,以准确、简明为原则。调查问卷示例见表6-3,相关工作者可作为参考。

轨道交通接驳乘客满意度调查问卷　　　　　表6-3

我们正在开展轨道交通接驳设施服务测评,请您根据亲身体验对近期使用过的接驳设施进行客观评价,在下列合适的选项上打钩,感谢您的配合。			
负责人:		电话:	
表编号:	调查员:	调查地点:	调查时间:
甄别问题:最近一周您是否乘坐过轨道交通？			
是:继续调查			否:道谢离开
Ⅰ.个人信息			
1.性别	①男　②女		
2.年龄	①<25　②25~40　③40~50　④50~60　⑤>60		
3.您的职业	①公务员 ②服务销售人员 ③企业中高级管理人员 ④专业/文教技术人员 ⑤一般职工、工人 ⑥个体户 ⑦学生 ⑧离退休人员其他		
4.您的月收入	①<3000元 ②3000~5000元 ③5000~8000元 ④8000~2万元 ⑤>2万元		
5.您是否有小汽车	①是　②否		
Ⅱ.本次出行的信息			
6.出发站			
7.目的站			
8.使用的换乘交通方式	换乘时间(min)			总费用(元)
	总时间	乘车时间	车外时间	
①常规公共交通				
②出租汽车				

续上表

		停车费（路桥费）	车型
③小汽车			
④步行			
⑤自行车			
⑥其他			
您实际使用的交通方式	①②③④⑤⑥		

Ⅲ.（1）基本问题

（情况最优选 A,情况尚可选 B,以此类推,情况最差选 E）

问题	打分级别 A、B、C、D、E
9.交通接驳是否存在诸多问题？ （提示:无问题选 A,有少量问题选 B,以此类推,问题严重选 E）	
10.换乘设施是否规模适当、不拥挤？	
11.换乘过程是否较为舒适？	
12.换乘过程是否较为安全？	
13.站点外绿化环境是否较为优美？	
14.站点外治安状况是否良好？	
15.自行车出租服务是否便利？	
16.站外到常规公共交通站点流线是否顺畅？	
17.站外接驳信息指示是否明确？	
18.网络信号覆盖是否较强？	
19.空气质量是否良好？	
20.接驳过程中的遮阳设备（常规公共交通站点排队）是否齐备？	
21.人身财产是否安全？	
22.行人过街是否安全？	

续上表

23.行人秩序是否平稳?	
24.导流设施是否齐全?	
25.出入站—常规公共交通站点换乘流线是否顺畅?	
26.出入站—自行车换乘流线是否顺畅?	
27.出入站—停车场换乘流线是否顺畅?	
28.公告提示是否清楚?	
29.导向标志是否清晰?	
30.手机、计算机等设备信息是否便捷?	
31.出入口行路线是否顺畅?	

(2)如果常规公共交通换乘时间发生变化,您将采用哪种接驳方式?

常规公共交通换乘时间	采用的接驳方式	说明
小于5min		①常规公共交通 ②轨道交通 ③自行车 ④步行 ⑤小汽车 ⑥出租汽车 ⑦其他
5~10min		
大于10min		
Ⅳ.如果未来新建轨道交通线路,您是否会考虑利用?		
请您给出考虑因素的重要性排序(由主到次):		①票价 ②换乘时间 ③换乘距离 ④乘坐舒适性 ⑤准时 ⑥等车时间

3)调查数据分析及测评结论

调查数据分析结论形成应符合统计学相关要求,可以形成客观状态评价表,案例见表6-4。

第6章　基于多源大数据的城市轨道交通接驳设施服务水平评价

表 6-4　接驳客观状态评价表

接驳方式	设施指标	接驳空间、距离、时间测评			拥堵度（打分级别 A、B、C、D、E，情况尚可选 B，以此类推，情况最差选 E）	连续性（打分级别 A、B、C、D、E，情况尚可选 B，以此类推，情况最差选 E）	引导清晰度（打分级别 A、B、C、D、E，情况尚可选 B，以此类推，情况最差选 E）	改进方案
		单位	数量	等级				
步行	站前小广场							
公共自行车	接驳距离							
	接驳时间							
	站点尺寸							
出租汽车	接驳距离							
	接驳时间							
	站点尺寸							
常规公共交通	接驳距离							
	接驳时间							
	站点尺寸							
无障碍设施	出口引导牌							
	出口到站内设施							

注：1. 连续性指指标权的连续，如果在通道中有障碍物遮挡，或者被其他通道占用，则视为不连续，填"否"；若通道连续，则填"是"。
2. 引导清晰度：初步判定时，判定能清晰引导，填"是"，不能清晰引导，填"否"。需要进一步量化判定时参考表6-5。
3. 总体分析时，各个方面的分级判定应结合考虑适时站点类别进行分析并给出改进建议。

引导清晰度判定表　　　　　　　　　　　　表6-5

等级	出　入　口
A	引导设施信息全面、动态可变，包含周边换乘常规公共交通线路、非机动车车位、出租汽车停靠位置、停车场位置等动态信息，并设有地图信息
B	引导设施信息全面、引导清晰，标识位置醒目，换乘信息较为全面
C	引导设施必要信息全面、无歧义
D	引导设施必要信息不足
E	引导设施必要信息不全，或缺乏相应的引导设施

6.4 基于多源大数据的北京市轨道交通全网接驳设施服务水平评价案例

6.4.1 可利用多源大数据的接驳设施服务水平评价的指标

利用多源大数据可对部分指标进行评估，结合接驳设施服务后评估指标体系，其中7项指标可以通过大数据手段进行获取，见表6-6。

可利用多源大数据接驳服务评价的指标　　　　表6-6

一级指标（目标层）	二级指标（准则层）	三级指标（评价层）
便捷	车站运营基础指标	进出站客流量
		车站出入口数量
		建筑一体化实现指数
	车站800m范围内交通系统基本情况	轨道出行率
		路网密度负荷指数
		步行10min可达性
		150m范围内常规公共交通线路数量

6.4.2 北京市轨道交通全网接驳设施服务水平评价的案例

1）进出站客流量

车站进出站客流量指标评价结果显示（图6-3），北京市轨道交通高客流量站点主要集中在10号线、5号线、13号线、1号线以及6号线东部,且呈现"北高南低"的特点。长安街以北193座车站全日平均进出站量为4.6万人次,高于全市车站平均值3.8万人次,远高于长安街以南147座车站的2.9万人次。

图6-3 北京市轨道交通全网进出站客流量展示

其中,进出站客流量排名前10的车站中有5座车站为城市交通枢纽车站,分别为北京南站、北京西站、西直门站(北京北站)、东直门站(机场快轨及常规公共交通枢纽)、北京站(图6-4)。

图6-4 进出站客流量排名前10的车站

2) 车站出入口数量

车站出入口数量指标评价结果显示,北京市轨道交通全网平均出入口数量为4个(深圳4.5个、香港5.9个),整体呈现出入口个数较少的现状(图6-5)。

图6-5 北京市轨道交通全网车站出入口数量展示

从站点层面看,中心区多线换乘站点出入口数量多,目前北京市轨道交通出入口数量前10的站点(图6-6)均为换乘站;62座换乘站点站均出入口数量为5.9个,接近香港平均水平;而74%的换乘站出入口数量大于4个。相比之下,地面车站或高架车站出入口相对较少,在全部仅有2个出入口的车站中,地面站或高架站占比52%。

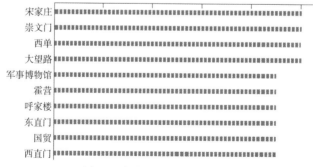

图6-6 车站出入口数量排名前10的车站

3) 建筑一体化实现指数

建筑一体化实现指数评价结果显示(图6-7),全市仅23座车站出入口与周边建筑连通,占比6.8%,整体呈现与周边建筑一体化指数低的特点。但大型对外交通枢纽、商业圈周边站点建筑一体化实现指数高。北京市轨道交通有6座车站出入口与周边建筑是100%连通的,且这6座车站均为枢纽型轨道交通站,分别为T2航站楼、T3航站楼、大兴国际机场、北京南站、北京西站。除枢纽轨道交通站外,常营站的出入口建筑一体化实现指数最高,开放的4个出入口中有3个出入口与周边建筑直接连通(图6-8)。

图6-7 北京市轨道交通全网车站建筑一体化实现指数结果展示

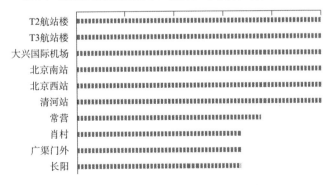

图6-8 建筑一体化实现指数排名前10的车站

4）轨道出行率

北京市轨道交通站点轨道交通出行率（图6-9）整体呈现外围高、核心区低的特点。受房价影响,外围邻铁车站周边是大部分通勤人群的选择,因此外围站点周边轨道交通出行率较高。

图6-9　北京市轨道交通全网车站轨道交通出行率指标评价结果展示

5）路网密度负荷指数

北京市轨道交通站点路网密度负荷指数（图6-10）呈现核心区高、外围区低的特点。核心区及其他区域站点周边路网密度综合指数均值分别为 $9.86 km/km^2$、$5.8 km/km^2$,核心区站点周边路网密度综合指数是其他区域的 1.7 倍。路网密度负荷指数排名前 10 的车站均集中于东、西二城。

6）步行 10min 可达性

步行 10min 可达性指标评价结果显示（图6-11）,核心区路网密度较高,步行可达范围成片连面;外围路网、车站密度低,步行可达范围带状连续。从站点层面看,2 号线、10 号线、亦庄线的沿线站点步行范围内覆盖人口岗位较高。

7）150m 常规公共交通线路数量

常规公共交通线路数量指标评价结果显示（图6-12）,北京市轨道交通站点呈现枢纽地区、外围地区常规公共交通换乘便捷性高的特点,但全市仍有纪家庙、十三陵景区、阎村东、奥体中心、关庄、双合、紫草坞、丰台站、魏公村、森林公园南门、花庄、亦庄火车站12座车站,在站点周边150m范围内无常规公共交通接驳服务(图6-13)。

图6-10　北京市轨道交通全网车站周边路网密度负荷指数结果展示

图6-11　北京市轨道交通全网车站步行10min可达范围展示

图 6-12　北京市轨道交通全网车站周边 150m 常规公共交通线路数量展示

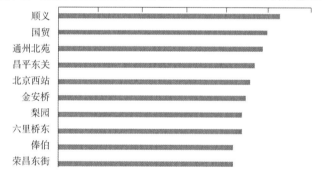

图 6-13　150m 半径范围内常规公共交通线路数量排名前 10 的车站

第7章

城市轨道交通接驳设施建设程序与体制机制保障

第7章 城市轨道交通接驳设施建设程序与体制机制保障

本章重点从工作阶段划分、建设审批流程、政策法规体系等方面介绍了我国轨道交通基本建设程序。在轨道交通基本建设程序框架下,交通接驳设施的建设程序、审批制度以及体制机制也在实践中不断完善,以北京、上海、广州、深圳等超大城市为代表,详细介绍不同工作阶段的轨道交通接驳设施建设程序与体制机制保障措施。

7.1 我国城市轨道交通基本建设程序

轨道交通接驳系统的规划设计编制、建设审批体系与轨道交通工程建设程序密切相关,因此本节先介绍我国轨道交通基本建设程序,从工作阶段划分、建设审批流程、政策法规体系等方面进行详细阐述。

7.1.1 城市轨道交通项目工作阶段

我国轨道交通项目一般分为决策(前期工作)、设计、施工、验收、试运行、试运营、正式运营七个阶段,其中验收和试运行、试运营通常穿插进行(图7-1)。

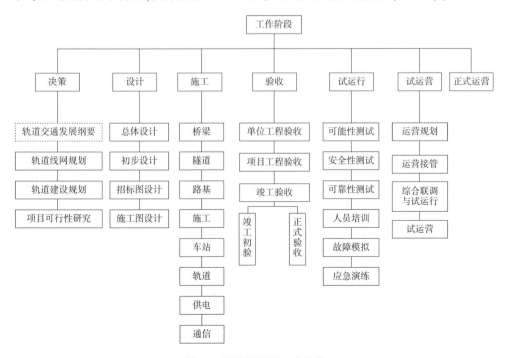

图7-1 轨道交通项目工作阶段

（1）决策：具体工作包括轨道交通发展纲要、轨道交通线网规划、轨道建设规划、项目可行性研究等。与一般建设工程相同，轨道交通的决策阶段往往时间较长，且对后期设计、施工、运营产生极为重要的影响。

（2）设计：一般包括总体设计、初步设计、招标图设计和施工图设计四个环节，是前期方案的具体深化。

（3）施工：包括桥梁施工、隧道施工、路基施工、车站施工、轨道施工、供电系统施工、通信系统施工、车辆段施工等。

（4）验收：分为单位工程验收、项目工程验收、竣工验收三个阶段。轨道交通建设工程所包含的单位工程验收合格且通过相关专项验收后，方可组织项目工程验收；项目工程验收合格后，建设单位应组织不载客试运行，试运行三个月，并通过全部专项验收后，方可组织竣工验收；竣工验收合格后，轨道交通建设工程可履行相关试运营手续。

（5）试运行：轨道交通土建工程与机电工程初验合格，并完成系统联调后进行非载客运行，对轨道交通各设备系统和整体系统进行可用性、安全性和可靠性测试及考核，以及对运营作业人员培训、故障模拟和应急演练等情况进行检验。试运行是轨道交通从建设阶段过渡到载客运营阶段必须经历的一个中间环节（时间一般要求不少于三个月）。

（6）试运营：在轨道交通工程所有设施设备以及整体系统可用性、安全性和可靠性通过试运行检验，经过有关部门验收合格并审批同意后，在正式运营前进行载客运营活动。

（7）正式运营：试运营结束，并通过竣工验收后，正式进入载客运营阶段。

7.1.2　城市轨道交通项目建设审批流程

轨道交通建设审批历经线网规划、建设规划、可行性研究、总体设计、初步设计、招标设计、施工设计、施工、运营等环节（图7-2）。

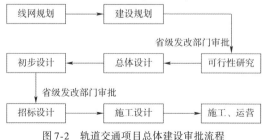

图7-2　轨道交通项目总体建设审批流程

1) 轨道交通线网规划

轨道交通线网规划是轨道交通近期建设规划编制和审批的依据,根据《住房城乡建设部关于加强轨道交通线网规划编制的通知》(建城〔2014〕169号)的要求,应及时组织和科学编制线网规划,并将线网规划的主要内容纳入城市总体规划和控制性详细规划。线网规划审批流程如图7-3所示。

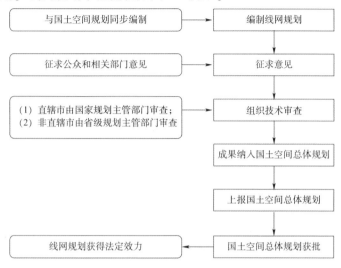

图7-3 线网规划审批流程

(1)在城市总体规划编制时,应统筹研究发展轨道交通的必要性,确需发展的,应同步编制线网规划,做好相互协调与衔接。已有线网规划的城市,在修改或修编城市总体规划时,要开展线网规划实施评估,对线网规划实施情况进行总结,研究是否需要修改或修编线网规划,如有需要,应以线网规划实施评估为基础,与城市总体规划同步修改或修编线网规划。

(2)城市人民政府负责组织编制线网规划。具体工作由城市人民政府城乡规划主管部门承担。线网规划编制(或者修改、修编)完成后,应当组织技术审查。直辖市的线网规划由住建部组织进行技术审查;其他城市的线网规划,由省、自治区住房和城乡建设厅组织进行技术审查。规划成果在技术审查前,应当依据《中华人民共和国城乡规划法》有关规定征求社会公众和相关部门意见。❶

(3)经技术审查后,线网规划明确的轨道交通发展目标、功能定位、线网布局、车辆基地等设施用地控制要求等应纳入城市总体规划,并与城市总体规划一并审

---

❶ 注:2018年国务院机构改革后,技术审查部门由住建部门调整至自然资源部门。

批。线网规划经批准后,具有法定效力,任何单位和个人不得随意修改;确需修改的,应当按照城市总体规划的修改程序进行。

(4)线网规划经批准后,城市人民政府城乡规划主管部门应根据线网规划,将轨道交通线路、主要车站和车辆基地等设施,按照有关程序和要求,及时纳入相应地块控制性详细规划。

2)轨道交通建设规划

轨道交通作为大型基础设施投资项目,在建设前需要编制轨道交通近期建设规划。轨道交通近期建设规划是审批级别最高、审批层次最多和审批部门最多的一类项目。

首先,近期建设规划应纳入城市总体规划中的远期线网,并与城市市总体规划远期用地相一致。其次,根据国家发展改革委、住建部《关于优化完善轨道交通建设规划审批程序的通知》(发改基础〔2015〕2506号)的要求,轨道交通建设规划及规划调整由省级发展改革委会同省级住房和城乡建设(规划)等部门进行初审,形成一致意见。在规划环境影响审查意见、社会稳定风险评估完成后,省级发展改革委会签省级住房住建部城乡建设(规划)部门向国家发展改革委报送轨道交通建设规划,同时抄报住建部。经报请国务院批准,对已实施首轮建设规划的城市,其后续建设规划由国家发展改革委会同住建部审批,报国务院备案;初次申报的城市首轮建设规划仍由国家发展改革委会同住建部审核后报国务审批。其编制审批流程如图7-4所示。

7.1.3 城市轨道交通项目相关政策法规体系

城市轨道交通项目相关政策法规体系见表7-1。

轨道交通政策法规体系 表7-1

下 发 单 位	文　　号	发 布 日 期
国务院	《国务院办公厅关于加强城市快速轨道交通建设管理的通知》(国办发〔2003〕81号)	2003年9月
住建部	《住房城乡建设部关于加强轨道交通线网规划编制的通知》(建城〔2014〕169号)	2014年11月
环境保护部	《关于做好轨道交通项目环境影响评价工作的通知》(环办〔2014〕117号)	2014年12月
国家发展和改革委员会	《国家发展改革委关于加强轨道交通规划建设管理的通知》(发改基础〔2015〕49号)	2015年1月

续上表

下发单位	文 号	发布日期
国务院	《国务院关于调整和完善固定资产投资项目资本金制度的通知》(国发〔2015〕51号)	2015年9月
国家发展改革委 住建部	《国家发展改革委 住房城乡建设部关于优化完善轨道交通建设规划审批程序的通知》(发改基础〔2015〕2506号)	2015年12月
国务院	《国务院关于发布政府核准的投资项目目录(2016年本)的通知》(国发〔2016〕72号)	2016年12月
国家发展改革委	《国家发展改革委关于进一步下放政府投资交通项目审批权的通知》(发改基础〔2017〕189号)	2017年1月
国家发展改革委 教育部 人社部	《国家发展改革委、教育部、人社部关于加强轨道交通人才建设的指导意见》(发改基础〔2017〕74号)	2017年1月
国家发展改革委 住建部 交通运输部 铁路局铁路集团	《关于促进市域(郊)铁路发展的指导意见》(发改基础〔2017〕1173号)	2017年6月
国务院	《关于进一步加强轨道交通规划建设管理的意见》(国办发〔2018〕52号)	2018年7月
国家发展改革委 交通运输部 铁路局铁路集团	《关于推动都市圈市域(郊)铁路加快发展意见的通知》(国办函〔2020〕116号)	2020年12月
国家发展改革委 交通运输部 铁路局铁路集团	《关于进一步做好铁路规划建设工作意见的通知》(国办函〔2021〕27号)	2021年3月

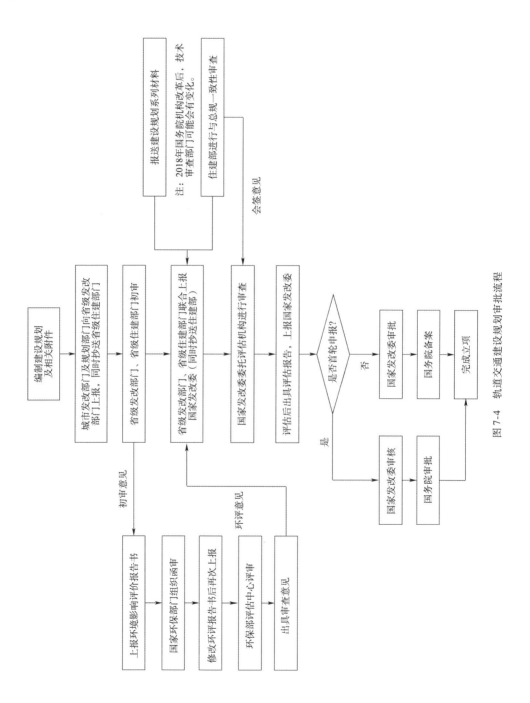

图 7-4 轨道交通建设规划审批流程

7.2 典型城市轨道交通接驳设施建设程序

随着我国轨道交通步入高质量发展阶段,轨道交通接驳系统越来越受到重视。在轨道交通基本建设程序框架下,交通接驳设施的建设程序、审批制度以及体制机制也在实践中不断完善,特别是以北京、上海、广州、深圳为代表的超大城市,已经基本建立了完整的建设程序与审批体系,有力保障了轨道交通接驳设施与轨道主体工程建设相协同,取得了良好的社会和经济效益。

7.2.1 北京市轨道交通接驳设施建设程序

1) 规划设计程序

北京市轨道交通接驳设施规划设计程序主要包括规划、可行性研究、初步设计、施工图设计等阶段。

(1) 规划阶段。依据沿线用地规划以及轨道交通线网规划等资料,预留交通接驳设施用地;结合轨道交通线路功能定位以及相关规划统筹分析确定公交场站、小汽车驻车换乘停车场等大型接驳设施的必要性及规划选址;结合用地规划、出行方式调查等相关资料,对各项交通出行方式比例划分以及设施规模提出规划意见。

(2) 可行性研究阶段。确定车站服务等级,进行交通接驳设施规模预测。

(3) 初步设计阶段。依据车站总平面设计、各站口分向客流预测等相关资料,进一步核实交通接驳设施规模;提出交通接驳设施所需水电容量需求;确定交通接驳设施设计方案。

(4) 施工图设计阶段。完成交通接驳设施施工图设计。

北京市轨道交通规划设计阶段的技术要求如图 7-5 所示。

2) 实施审批流程

北京市规划和自然资源委、发改委、交通委三个部门共同推进轨道交通接驳设施规划工作。其中,北京市规划和自然资源委负责组织交通设施规划的方案研究,北京市发改委和交通委组织交通接驳设施的工程建设,具体实施一般由北京市基础设施投资有限公司和北京市轨道交通建设管理有限公司负责。

以轨道交通可研阶段为分界,在轨道交通可研阶段之前,需明确轨道交通接驳设施的实施主体、实施资金。同时,北京市规划和自然资源委、交通委以会议纪要的方式明确宏观层面的交通接驳设施相关规划选址意见和规划条件。在轨道交通可研阶段之后,结合轨道交通初步设计开展交通接驳设施的规划方案编制工作,并在轨道交通施工图之前稳定交通接驳设施的规划方案,北京市规划和自然资源委以会议纪要的方式明确微观层面的交通接驳设施的规划方案。施工图设计阶段,北京市规划和自然资源委对轨道交通接驳设施的控制性详细规划进行审批,并且核发"两证一书"。

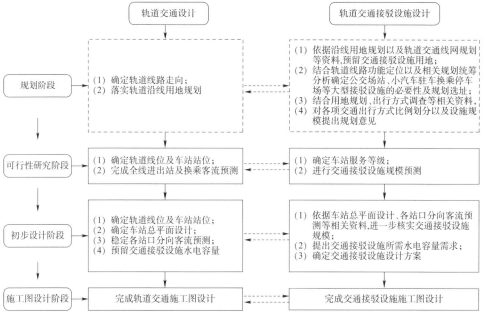

图7-5 北京市轨道交通接驳规划设计程序

北京市轨道交通接驳实施审批流程如图7-6所示。

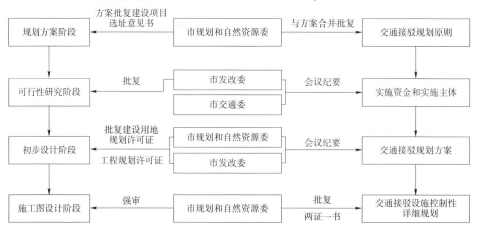

图7-6 北京市轨道交通接驳实施审批流程

7.2.2 深圳市轨道交通接驳设施建设程序

深圳市轨道交通接驳建设程序也较为完善,已经形成与城市规划体系、交通规划体系、轨道交通建设相对应、相互动的规划程序和建设审批制度。轨道交通接驳规划设计自轨道交通详细规划阶段(线路及综合枢纽)介入,贯穿工程可行性研究阶段规划方案落地研究、初步设计车站交通设计、施工疏解及交通接驳设施工程设计等阶段(图7-7)。

1) 轨道交通详细规划阶段(线路及综合枢纽)阶段

主要目的是落实TOD及交通一体化发展理念,协调轨道交通与城市规划、土地利用及综合交通发展的关系,为规划设计管理及用地控制提供依据。线路详细规划的主要任务是进行线路、车站和车辆基地布局规划,分析线站位和车辆基地与土地利用的协调关系,并提出必要的调整建议,进行换乘及接驳规划。综合枢纽详细规划的主要任务是进行枢纽内部、出入口、接驳与换乘交通分析,确定各项交通设施设计指标、空间布局以及交通组织方案,对周边地区道路交通网络提出改善建议。

2) 工程可行性研究阶段规划方案落地研究阶段

主要任务是落实政府规划意图,结合工程因素完善规划方案。内容包括线路功能定位及建设必要性分析、客流预测、技术标准分析、运营组织方案、线站位方案优化及车辆基地规划、车站规模研究及换乘方案设计等。

3) 初步设计阶段车站交通设计阶段

主要任务是协调轨道交通与周边建筑及道路交通设施的关系,落实轨道交通接驳设施布局方案。主要包括车站客流分析,车站内部交通组织设计,车站出入口、风亭等设施布局,交通接驳换乘设施规划设计以及初步设计技术审查等内容。

4) 施工疏解及轨道交通接驳设施工程设计阶段

主要任务是缓解施工期间道路交通压力,落实交通一体化方案。内容包括施工期间交通影响评估、交通网络疏解方案、施工区域周边交通疏解方案以及轨道交通接驳设施设计等。

7.3 城市轨道交通接驳设施建设体制机制保障

虽然交通接驳编制体系与轨道交通规划建设程序同步已达成行业共识,但每个阶段需要解决的关键问题仍不尽清晰。以线网规划阶段为例,目前大部分线网规划的编制中均包含交通接驳规划,但是由于该部分内容并不是强制要求,在规划编制和审查阶段并没有得到较高重视,从而导致后期衔接设施尤其是大型接驳设施无法落地。编者从规划程序、审批制度、体制机制保障的角度,提出相关建议。

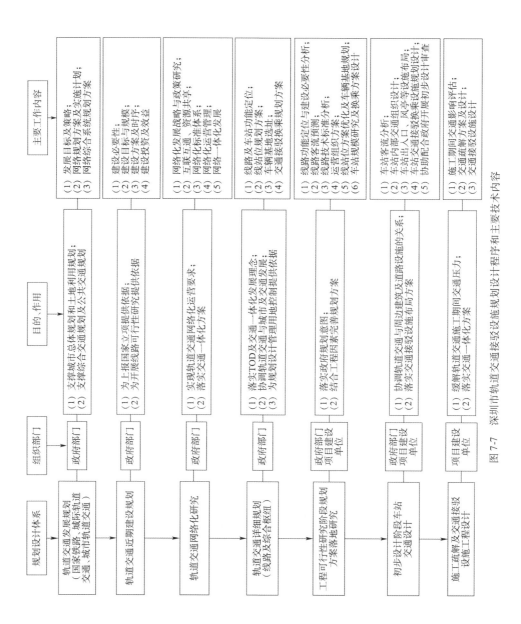

图 7-7 深圳市轨道交通接驳设施规划设计程序和主要技术内容

1）建立与轨道交通相同步的规划设计编制与审批程序

从北京、深圳等地的实践经验来看，交通接驳设施与轨道交通建设同步是保障轨道交通接驳设施建设成败的关键。因此，应根据轨道交通建设各阶段的技术特点，对交通接驳设施的规划设计深度和具体内容提出明确要求，同步规划、同步设计、同步建设。同时，在规划编制、项目实施、竣工验收、运营维护各环节应明确政府相关部门的主体责任，厘清权责划分，并建立协同机制，形成科学的规划程序和顺畅的审批体系两股合力，从而保障交通接驳设施与轨道主体工程相协调、与城市发展相适应的良好发展格局。

2）形成多元主体相互协同的体制机制保障体系

轨道交通接驳设施的规划、建设、管理涉及众多政府部门以及不同的公众利益群体，也常常出现因为体制机制不顺畅导致的方案实施性低、落实效果不佳的问题，制约了轨道交通站点功能的发挥。因此，应针对"九龙治水"的问题，建立从立项、编制、审批，到建设、运维等全周期过程的多部门协同合作框架，形成适应本地城市的多元主体协同的交通衔接驳体制机制。规划设计阶段，视项目需要可建立多部门联合审查机制，并广泛征求公众意见；实施阶段，政府各有关部门应相互协调、统筹组织、加强横向联系，合力解决工程建设过程中的困难，推进工程整体进度。接驳设施建成后，应明确接驳设施的管理主体和管理责任，落实对接驳设施的管理和维护工作，保障设施顺利有效运行。

3）完善财政配套政策，落实轨道交通接驳设施建设资金

应重视财政对轨道交通接驳设施建设的支持力度，有条件的城市可设立专项资金，保障建设工程顺利进行以及后续设施的更新维护。同时完善轨道交通接驳的财政配套政策，研究非机动车、小汽车与轨道交通换乘时停车费优惠政策，实行常规公共交通体系与轨道交通相互换乘优惠票价。通过财政配套政策发挥经济杠杆作用，吸引更多出行者选用公共交通方式出行，提高轨道交通客流效益的同时，与常规公共交通体系形成良性互动发展。

第8章

项目实践集锦

以北京城建设计发展集团股份有限公司近十年来在轨道交通接驳和空间品质提升方面的项目为案例,分别介绍轨道交通新建类车站、既有更新改造类车站、市域(郊)铁路类车站接驳设计与建设实践经验。

8.1 城市轨道交通新建车站接驳设施设计与建设实践

8.1.1 花庄站(综合型)

1) 轨道交通线路概况

北京市轨道交通八通线南延工程是从既有运营的八通线向南延伸至通州区规划环球影城的一项工程。线路起于八通线土桥站,终点位于规划环球影城入口。南延线在既有八通线基础上延伸,以最小的工程代价支持和解决北京市重点功能地块的交通问题,为北京文化旅游出行提供便利。线路全长约4.47km,设置地下站2座,分别是花庄站和环球影城站(图8-1)。

图8-1 八通线南延、7号线延和城际铁路联络线线路示意图

7号线东延工程是北京市轨道交通7号线的延长线,全长16.6km,全线共设置地下车站9座,西起7号线一期焦化厂站,向东延伸依次为黄厂站、郎辛庄站、黑庄户站、万盛西站、万盛东站、群芳站、高楼金站、花庄站、环球度假区站,其中设置建设张家湾车辆段一座。

129

北京城际铁路联络线是一条建设中的铁路联络线,也是北京大兴国际机场综合交通网络的重要组成部分,建成后可将北京两大机场及北京城市副中心串联起来,形成快速客运通道。花庄站是其众多车站中的一座。

2)车站接驳设计方案概况

花庄站为八通线南延与7号线、城际铁路联络线的三线换乘站,同时车站紧邻张家湾车辆段。花庄轨道交通站位于东六环西侧路下,采用地下两层双岛四线布局,地面建筑包括出入口、风亭、冷却塔、非机动车停车场等附属设施。城际铁路联络线的车站则位于轨道交通站东侧,车站位于六环西侧的防护绿地内,采用地下两层双岛六线布局,地面设配套的铁路站房、机动车停车、出租汽车停车、公交车停车等设施。张家湾车辆段位于轨道交通站西侧,车辆段上盖设有综合开发建筑,如图8-2所示。

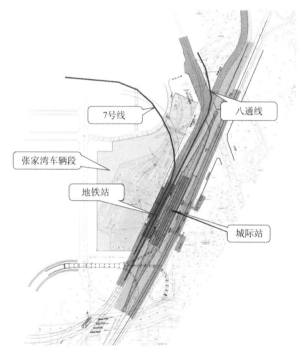

图8-2 花庄站车站位置示意图

针对步行接驳设施,花庄站车站的4个出入口分别位于车站东西两侧的道路外绿化带内,并进行了一体化、立体化的方案设计,出入口结合下沉广场进行设计。并建议在与下沉广场相连的道路人行道边缘、无障碍坡道处,设置一定高度和合理间隔的阻车桩,防止摩的、三轮车乱停乱放、挤占步行空间。

对于非机动车衔接设施,花庄站设计方案中,考虑方便乘客的换乘需求,在 A 出入口和 C 出入口附近分别设置非机动车停车场。根据车站用地较为充足的特点,占用道路红线外绿化用地,设置专用场地集中停放车辆。同时非机动车停车场内考虑了共享单车的停放需求,为共享单车设置相应规模的车位。

由于东六环西侧路未建成,在项目的设计阶段,花庄站车站周边无公交线路和车站。轨道交通接驳设计(图 8-3)中建议增设公交线路、距离出入口附近 100m 内设站,沿道路新建港湾式公交站台。建议公交车站的站台长约 30m,能够满足两个公交车位的设置。预测的初期线路数量为每方向 2 条线路,这一规模能够满足需求,在远期增加至 4 条线路之后,也能够满足远期需求。

图 8-3 花庄站周边道路的交通接驳设施设置情况

考虑到周边道路为与线路同步实施的新建道路,交通流量较为适中,有条件设置允许出租汽车和小汽车短时停靠待客的临时停车位;同时车站周边远期有大量商业、办公、酒店,且周边办公、商业人士选择飞机出差的频率高,短距离出行方式多以出租汽车及小汽车为主,故在站点周边设置临时停车位,通过局部拓宽道路实现,以港湾的形式设置在道路路内。临时停车位规模不宜过大,接驳设计根据预测规模,计划布置了 6 个车位。港湾式出租汽车停靠站由减速段、站台、加速段组成,减速段长度宜为 9~10m,加速段长度宜为 6~7m,站台的长度可按 6m × 停车数量确定。港湾式出租汽车停靠站的停车位宽度为 3m。

3)项目特点

(1)综合考虑了车站和车辆段不同来源的交通接驳需求。

由于花庄站是多线换乘站,同时紧邻的张家湾车辆段上盖综合利用(图 8-4),建设规模超过 30 万 m^2,涵盖多种业态,包括商业、办公、酒店、曲艺等。因此,花庄站实际的交通接驳需求是将八通线、7 号线、城际铁路联络线和车辆段上盖一体化开发等不同来源的需求进行了整体考虑。由于接驳设施是综合性的,同时也是具有较大规模的,因此花庄站实际形成了区域的交通枢纽。

图 8-4 张家湾车辆段上盖综合利用

在轨道交通接驳的需求分析中,也是针对车站的这一情况,将所有的来自不同方面、不同需求的乘客进行了整体考虑,试图通过将花庄站枢纽的功能考虑得足够充分,从而满足车站和车辆段不同来源的交通接驳需求(表8-1),避免未来的规模不足或重复建设等问题。

花庄站枢纽功能需求表　　　　　　　　　　　　　　　　表 8-1

交 通 设 施		需　求	备　注
枢纽内部公交	线路(条)	7	按照7条公交线路进行核算,需在枢纽中安排周转停车位35个
	到车车位(个)	4	
	发车车位(个)	7	
枢纽外部公交	线路(条)	4	设置公交港湾停靠站
出租汽车	停车区(个)	50	—
	到车车位(个)	14	
	发车车位(个)	6	
枢纽内部小汽车	车位(个)	260	135辆服务城际铁路联络线,125辆服务轨道交通接驳
	落客位(个)	4	
枢纽外部小汽车(即停即走)	车位(个)	6	东六环西侧路双侧布设
环球影城接驳车	到车车位(个)	1	—
	发车车位(个)	2	
非机动车停车位	车位(个)	500	东六环路西侧路西侧
	车位(个)	500	东六环西侧路东侧

(2)车站的交通接驳设计采用高标准,强调整体协调、绿色生态。

考虑到通州作为城市副中心的"规划、建设、管理都要坚持高起点、高标准、高水平,落实世界眼光、国际标准、中国特色、高点定位的要求",花庄站作为副中心内部的车站,必须强调绿色生态的设计原则。同时也注重整体协调,目标是实现车站建筑与城市建筑相融合,实现从碎片建筑到连续街景的转变。设计中注重车站出入口与街道景观及周边环境的整合,强调车站其他附属设施的消隐,以及对非机动车停车场等接驳设施的消隐。

花庄站的接驳设施设计特别注重与绿化设计相结合。以非机动车停车场设计为例,在停车场设计中明确提出应当采用透水结构铺装,铺装应满足平整、坚实、防滑、美观的要求。同时停车场设置树池,树木则采用高大乔木,树冠能够达到较好的遮阳效果。在树池的间隔区域,采用画线规定停车区域的方式。非机动车停车场外围不设置围栏,有非机动车停放时,在道路一侧看不到停放车辆;无非机动车停放时,直接可以用作绿化休闲广场。

非机动车停车场内停车区及通道的铺装在颜色或铺设形式上应区别处理,并施划标线。停车场内设置公共服务信息指示牌、给排水、消防、照明、智能监控、交通安全设施等附属设施。出入口处不再设置配套用房。人行出入口与非机动车车道存在高差处,设置坡道连接(图8-5)。

图8-5 非机动车停车场的设计意向

(3)车站交通接驳设计突出一体化和立体化的特点。

花庄轨道交通站、城际站以及车辆段上盖开发之间在建筑层面是高度融合和一体化的,在设计中注重优化换乘流线,力求使车站广场延伸为城市公共空间,车站与周边地块无缝衔接,提升周边空间品质。轨道交通站厅与城际站厅水平开敞对接,轨道交通站厅西侧外扩,出入口与车辆段上盖开发连廊结合,实现无缝衔接以及分层衔接,与地面人流及车流不交叉。轨道交通西侧附属建筑群与车辆段上盖综合利用建筑群一体设计,打造完整的沿街景观(图8-6)。

a)轨道交通地面附属与上盖建筑形成完整沿街立面

b)花庄综合枢纽夜景

图8-6 车站接驳一体化、立体化设计

在轨道交通接驳方面,也十分注重采用立体化的布局和一体化的设计策略。例如,针对花庄站轨道交通站先期建设的特点,轨道交通车站的附属出地面建筑通过下沉广场消隐(图8-7),与城市空间相融合。轨道交通接驳方案则与其相融合,下沉广场兼顾步行衔接、紧急疏散和候车休闲的功能,而非机动车则考虑其出行特点,设置在下沉广场外围的地面层。

图 8-7　近期城际线未建设时轨道交通站下沉广场设计图

轨道交通东侧远期建设的城际车站,在地面规划有公交枢纽、社会停车场等功能,远期城际地面附属建筑结合公交枢纽,打造张家湾站地区重要的交通核心(图 8-8)。车辆段上盖与城际车站通过天桥可更充分衔接,为市民提供快捷搭乘公共交通的条件。天桥与轨道交通形成地上、地下分层立体交通(图 8-9)。在地下一层的站厅层设置有小汽车和出租汽车的接驳区,同时供轨道交通和城际站乘客换乘接驳使用。

图 8-8　远期城际线建成后车站及下沉广场设计图

图 8-9　衔接上盖与综合枢纽的天桥成为文旅区新地标

8.1.2 北太平庄站(商办型)

1)轨道交通线路概况

北京市轨道交通 19 号线是城市西部穿越中心城区的南北向快线。一期工程主要位于北京市海淀区、西城区和丰台区。全长 22.4km,全部为地下线。设 10 座车站,其中 8 座换乘车站,新建新宫车辆基地。草桥站一体化由机场线统筹设计。

19 号线是中心城区的补充加密线,缓解与本线平行的南部大兴线(4 号线)、北部 8 号线、13 号线的客流压力。同时,该线也是大兴国际机场线的饲喂线,将大兴国际机场线的服务延伸至中心城区航空主客源地,扩大新机场客流吸引范围。

2)车站接驳设计方案概况

19 号线北太平庄站位于南北向北太平庄路和东西向北三环中路交叉路口北侧,沿北太平庄路南北向布置,规划与 12 号线换乘,车站同期设计,同期实施。共设置 4 个出入口,分别位于交叉口 4 个象限。

结合站点功能定位和周边用地性质,车站的交通衔接设施主要包括客流集散广场、公交停靠站、自行车停车场和出租汽车临时停靠点等。

北太平庄站区域内 4 个方向均设有出入口,可达性佳,车站周边 500m 范围内,共 6 个公交站点(图 8-10)、59 条公交线路,但距离出入口 200m 范围内无公交停靠站,建议公交站点向出入口方向调整,以方便换乘,在后期与公共交通运营管理部门沟通后,方案调整为在出入口附近增加停靠站,改善换乘条件的同时,不改变周边居民原有的公交出行习惯。B 口附近隔离带上设有公交车站,需要在隔离带与人行道间增设人行横道,保证乘客换乘安全。

图 8-10 北太平庄站周边公交站点分布

由于现状 B 出入口用地限制，自行车供给车位不足，建议 B 口需求自行车由北三环中路辅路隔离带上自行车停靠点（现状早高峰停放率 50%）和出入口附近自行车停靠点解决。综合 A、B 和 D 口设置的自行车停车场，结合现状路边停车设施，能基本满足近期需求。

车站 B 出入口和冷却塔等附属设施，受地下工程条件限制，只能占用人行道空间。在交通接驳设计的过程中，结合一体化和交通渠化设计，通过取消既有小汽车停车位，压缩机动车空间等方式，拓宽人行道，保证行人空间（图 8-11）。此外，D 口、安全口，也面临同样侵占人行空间的情况，均结合出入口进行了渠化。

图 8-11 北太平庄站 B 口一体化效果

3）项目特点

（1）接驳设施配置细化到出入口层面，精准匹配需求。

在已知车站总衔接需求量的基础上，根据车站具体出入口位置、既有车站设施配置、周边用地性质等计算车站分方向的衔接比例及需求量，以确定车站各出入口衔接设施需求规模（图 8-12）。非机动车停车场的配置细化到出入口层面，以此来保障各个出入口的供给精准匹配需求，实在难以在设施层面保障的，可结合管理措施提升周边率，为下一步管理提供参考。

站名	站口	站前广场 (m²)	自行车停车场 (辆)	公交停靠站 (m²)	小计 (m²)
北太平庄站	A	97	419	251	50	581
	B	68	729	473	70	991
	C	48	54	45		102
	D	—	一体化共享			
总计		213	1202	769	120	1674
绿地	A/B				120	135
红线内	A/B/C	116	226			342
建设用地	A/B	97	976			1197

线路	出入口	自行车需求 (辆)	自行车供给 (辆)	自行车需求满足情况 (%)	需求缺口 (面积/辆)
19	A	439	251	57	135/75
	B	360	473	131	
	合计	799	724	91	
12	C	160	45	28	639/355
	D	240	—	—	
	合计	400	45	11	

图 8-12 各出入口交通接驳设施配置情况

（2）结合交通渠化和一体化设计，保障慢行空间。

受工程建设条件和建设协调难度的限制，轨道交通的出入口和风亭等附属设施，往往被安排在市政道路红线内，占用步行空间设置。随着城市建设精细化的要求，以及人们对慢行交通环境的重视，这种情况应予以整治。在19号线交通接驳设计时，同步开展了沿线附属设施的渠化设计工作（图8-13），全线梳理附属建筑占路情况，从精细化和人性化出发，依据最新的道路设计规范，保障附属建筑周边人行空间达到要求（图8-14）。

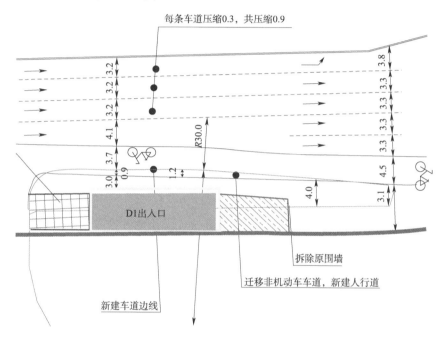

图8-13 北太平庄站D口交通渠化设计（尺寸单位：m）

图8-14 北太平庄站D口一体化效果

(3)轨道交通接驳设施与周边地块更新一体化设计。

现状 A 口的主要建筑(图 8-15)为远望楼宾馆,紧邻道路的是一层临街商铺,建筑品质较低。轨道交通修建过程中,工程需要占用此处用地,在还建时考虑将轨道交通附属与轨道交通用房整合为单体建筑,将冷却塔置于二层,建筑立面融为一体,建筑底层架空,提供整洁有序的自行车停放等附属使用空间,提升城市形象品质(图 8-16)。

图 8-15　北太平庄站 A 口现状建筑

图 8-16　北太平庄站 A 口一体化效果

8.1.3　亦庄东站(综合型)

1)轨道交通线路概况

(1)北京市轨道交通 17 号线。

北京市轨道交通 17 号线(图 8-17)是贯穿南北方向的轨道交通干线,其定位为大运量等级的快线。该线建成后将串联城市东部重要发展区域及居住社区,缓解北京市轨道交通 5 号线天通苑地区早晚高峰的压力,提高轨道交通对天通苑地区的服务水平。该线还将支持并带动未来科技城、CBD、朝阳港、垡头工业区及亦庄新城站前区的发展,同时服务北苑地区、望京西地区、太阳宫地区、潘家园地区等城市重点居住区,为城市东部居民出行带来便利,实现客流的快速引导和疏散。

图8-17　17号线线路走向示意图

(2)市域铁路线路。

城际铁路联络线:该线功能定位主要服务机场联络、新城通勤客流,兼顾联络铁路客流的功能,服务首都机场及新机场,建立副中心对外快速通道,带动顺义、亦庄及廊坊地区发展,实现疏解首都职能及人口。

S6线:通州范围内沿通顺路规划南北向轨道交通,向北延伸至顺义、怀柔及密云线,向南至亦庄东站,沿城际铁路联络线黄村支线路由至良乡站,承担北京市东部、南部新城之间通勤客流需求,同时与京石、京太、京霸、京津等铁路实现换乘(图8-18)。

2)接驳设计方案概况

亦庄东站为规划17号线、S6号线及城际铁路联络线的三线换乘站。车站包含轨道交通、市域铁路两种轨道出行方式。17号线亦庄东站结合车辆段开发设置在车辆段南侧,城际铁路联络线亦庄东站由于线路顺直问题只能南北向设置,造成两站直线距离近500m,换乘通道对周边地块地下环境影响严重,乘客舒适度较差(图8-19)。

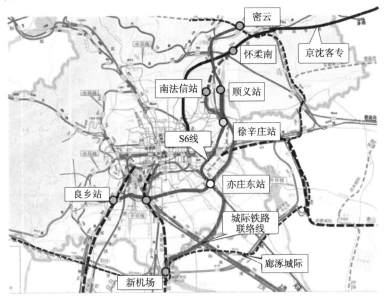

图8-18 市域铁路线路走向示意图

图8-19 轨道交通敷设及换乘情况示意图

为提高车站周边空间品质、优化接驳设施和服务,设计中特别重视周边道路承载力匹配度以及慢行空间的打造。

(1)道路承载力评估。

提升地区吸引力,打造宜居+宜业+宜乐的活力社区,组织一个相互关联、等级合理的城市空间网络,通过功能业态的复合提升来增加人气,确保非私人开放空间对所有人都可达。为所有的居民与到访者服务,提供工作机会以及购物、见面、聊天和玩耍的场所。为所有的居民与到访者提供服务,利用地区资源的城市文化,提高居民认同度。工作、生活、娱乐相融合的同时,关注儿童、青少年与行动不便者的需求。

规划区域以商业多功能为主,用地功能较为混合。核心范围内以商业、多功能为主,占比分别为28%、13%;外围研究范围以市政、交通场地用地为主。从研究区域来看,规划路网框架完整,布设合理,优于国家标准推荐值。现状未实现规划,均为待开发状态。区域内部依托两条城市次干道进行支撑,通过密路网进行内部连通。通过东西向北侧主干路以及东侧南北向主干路引导过境交通,减弱过境交通对于片区的影响(图8-20)。

图8-20 周边地块机动车出行需求预测

该片区建成后交通运行较为通畅,部分路段易发生拥堵。片区内机动车出行需求主要包括商业、商务办公、通勤、生活服务四大类,单日高峰小时机动车出行量为0.9万小汽车当量,主要集中于亦庄东站(城际铁路联络线站位)周边道路。由于现状无车站预测客流,未来叠加轨道交通接驳客流可能导致流量增加较大。

(2)慢行空间打造。

核心区 300m 范围内通过三个维度(地下、地面、天街)进行慢行链接(图 8-21)。地下慢行区域连接三个轨道站点,地面街坊人行道连接各个区域组团,地上通过二层廊道串联各个主要建筑和轨道站点,形成完善、宜人的步行空间。

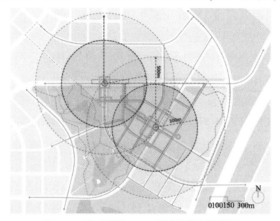

图 8-21 站点周边 300m 舒适步行空间分析

亦庄东核心区域内通过地下、地面和地上三个维度进行慢行连接。串联各个轨道站点、功能区和主要建筑,形成完善、便捷的慢行体系(图 8-22)。

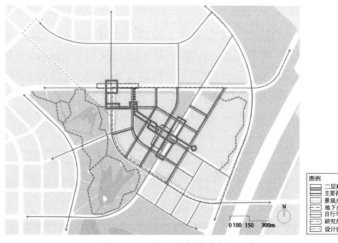

图 8-22 三维度慢行廊道布设示意图

3)项目特点

(1)一体化开发,打造全新的入口形象,创建城市之门。

由于两线换乘距离较远,同时为了更好地打造车站与周边地块的衔接,对地下空间进行一体化设计,地下空间紧密结合换乘空间及城市功能布设。

"城市核"有序联系轨道交通站点、公交首末站及周边塔楼的地下空间,形成立体化的步行网络。"城市核"是将车站、车站大楼(大厅)及城市这三者立体而紧密地联系在一起的流线空间。形成高效便利的中心换乘交通和立体化的步行网络,考虑采用宜人的街区尺度,创造充满生机的城市空间。

(2)高品质的公共空间,打造生态韧性车站。

结合街边绿地、生态廊道规划不同尺度和不同氛围的公园,满足居民交往、健身、亲子、娱乐等不同需求,构建绿色健康网络。

亦庄东站微中心的所有新开发都以极大地减少对于本地资源与传统能源的依赖为设计前提,来体现其对于环境的义务。降低至60%~65%的生活用水,通过废水回收和处理、循环水再利用、雨水收集等措施减少对水资源的利用。建筑设计提供总计30%~40%的节能,能源节约从每栋建筑开始,扩展到城市与基础设施网路。建筑节能优化可以减少基础设施的规模和造价。节能循环通过废物转化、多种清洁能源利用等策略提供10%的再生能量,通过垃圾分类、废物再利用等措施减少60%~70%的垃圾填埋。

8.1.4 内蒙古博物院站(商办型)

1)轨道交通线路概况

内蒙古博物院站是呼和浩特轨道交通1号线的车站。1号线是内蒙古自治区呼和浩特市第一条建成运营的线路,于2019年12月29日开通运营。线路西起土默特左旗的伊利健康谷站,向东途经回民区、新城区和赛罕区,贯穿新华广场区域、市政府区域,止于赛罕区的坝堰(机场)站,呈东西走向。线路全长21.719km,共设车站20座,其中地下站16座、高架站3座、地面站1座(图8-23)。

2)车站接驳设计方案概况

(1)车站基本情况。

内蒙古博物院站为轨道交通1号线的中间站,车站位于新华东街与新春路相交的路口道路下,沿新华东街布置,为地下二层岛式站台车站。车站地下一层站厅层与地下商业街综合开发,站厅长度较长,衔接的地块多,包含内蒙古博物院、万达广场和城市公园等。车站共设置4个轨道交通车站出入口、5个物业出入口(图8-24)。

第8章 项目实践集锦

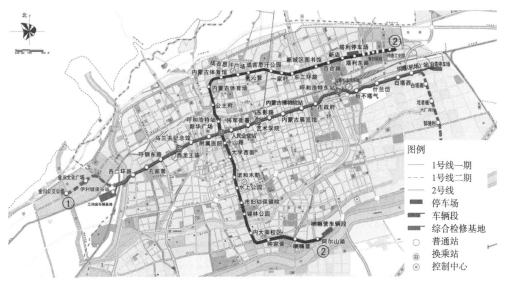

图8-23 呼和浩特轨道交通1、2号线示意图

图8-24 内蒙古博物院站出入口位置示意图

(2) 接驳设计方案。

车站主要服务周边居民的通勤需求及商场、博物院的旅游休闲需求。车站出入口都沿城市主干路新华东街设置，需要重点针对城市主干路交通流量大、道路宽的特征做好接驳工作。接驳设施包括非机动车停车、常规公共交通车站及小汽车临时停靠接驳设施。

145

非机动车衔接设施的设置遵守需求预测指引、分散布局、用地空间控制三个原则。首先,根据需求预测,非机动车停车需求主要集中在车站最外侧的几个出入口;其次,结合分散布局、多路来多路解的原则,满足各个出入口都有设施衔接;最后,还要以可实施落地性为原则,结合实地情况、可用空间来设置停车设施,如2号、5号出入口空间充足,可在需求预测的基础上适当扩大规模(图8-25)。

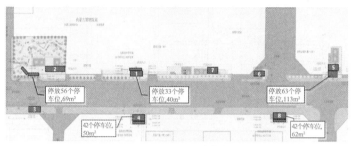

a) 出入口及非机动车停车示意图

b) 出入口非机动车停车设施示意图

图 8-25　内蒙古博物院站

常规公共交通衔接上,该车站周边公交车站接驳距离和接驳路线均满足需求,但是现状调研发现站台尺寸规模较小,并且是直列式站台,东西向的新华东街非机动车流量较大,因此公共汽车停靠容易发生车辆与非机动车交织的现象,并且由于公共交通线路条数过多,导致同时停靠车站的公共汽车高达4~5辆,难以停入港湾,造成一系列的交通拥堵情况。因此,衔接优化工作结合地形对站台进行港湾式改造,并且拓宽站台的长度,满足多辆公共汽车停靠的需求。

小汽车临时停车设施方面,由于新华大街沿线交通量较大,秩序管理严格,因此道路两侧禁止停车,为方便小汽车、出租汽车接驳,接驳方案在北侧2号出入口结合景观一体化设置了3个港湾式的小汽车临时停车位。

3）项目特点

（1）优化处理轨道交通接驳设施与城市主干路的关系。

车站设置在城市主干路的下方，出入口周边的交通聚集及换乘易与主干路本身已较大的交通流量发生交织，引发出入口周边的交通组织混乱。因此，在接驳设施设计时，充分考虑设施与交通流线的相互关系。慢行上保证人行道及非机动车车道的连续，非机动车停车区能顺利与非机动车车道连接。常规公共交通站台将原有的直列式站台优化改造为后绕式港湾公交车站台（图8-26），非机动车后绕可以有效减少公共汽车进出站与非机动车通过的冲突，港湾式处理则避免了公共汽车进站停靠占用一条车道的情况。出租汽车临时停车位接驳方面，同样为了避免临时停车占用非机动车车道，设计时结合公园绿地将停车位设置为港湾式，实现了交通方式换乘的一体化衔接。

图8-26 港湾式站台设施示意图

（2）实现接驳功能与城市公园的充分结合。

车站2号出入口处原为景观公园，结合轨道交通施工增设出入口，对景观公园重新设计（图8-27）。方案以"城市绿芯"为设计理念，尊重原有的城市及绿地肌理文脉进行优化。车站出入口开敞的集散广场为景观原点，向四周辐射，绿地与出入口密切结合，形成街旁口袋公园，增强城市绿地功能，美化城市生态环境。同时设置休闲设施供周围居民使用，提供人性化设计服务，满足人们日常生活。方案还结合呼和浩特市区内常用的植物树种，设置景观植物配置推荐清单，如乔木类别包含国槐、白蜡、龙爪槐，灌木含丁香、连翘、金叶女贞、沙地柏、大叶黄杨，实现交通衔接与景观设计的充分配套。

图 8-27　2 号出入口景观公园一体化效果图

8.1.5　将军衙署站(景区型)

1) 车站接驳设计方案概况

将军衙署站为呼和浩特市轨道交通 1 号线的中间站。车站位于新华大街与哲里木路十字路口东侧,沿新华大街东西向敷设,为地下二层岛式站台车站。车站共设有 5 个出入口(图 8-28)。

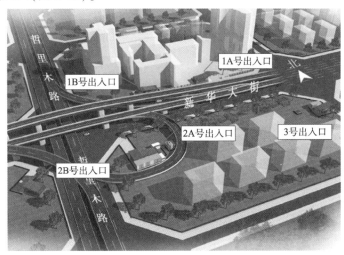

图 8-28　将军衙署站出入口示意图

将军衙署站出入口均邻近城市快速路、高架桥,空间局限,需要在精细化的空间内部整合交通接驳所需设施。步行上将站前广场与人行道接续,并将 2A 号出入口与景观广场融合。非机动车停车方面分散布局,保障每个出入口都有接驳停车空间。在路口设置公交车站台,满足交叉口规范要求的同时,满足公共交通线路站间距的设站要求。

2)项目特点

将军衙署站的交通接驳设施与站城文化底蕴进行了充分融合。将军衙署站因其衔接博物馆"清代将军衙署"而得名,尽管在设计车站内部装修风格时考虑了融合文化要素,但出入口外部交通接驳设施也需要延续文化装修风格,做到站城文化的统一。因此,方案充分挖掘将军衙署文化、内蒙古草原文化特征,一方面从城市家具方面入手,设计出含座椅、树池、垃圾桶、地徽等一系列富含文化特征的家具,用于车站出入口周边(图 8-29);另一方面则在空间较大的 2A 号出入口设计景观广场,将非机动车停车设施放在广场内部,加入设计的城市家具,同时在地面铺装方面做文章,加入"将军衙署"的地标铺装(图 8-30),让出站乘客充分了解地域文化、融入地域文化,利用接驳实现对城市文化的展现。

座椅　　马鞍
蒙古族是在马背上从远古走向文明的古老民族,提取马鞍两边高中间低的造型,演变为景观座椅,并以民族纹饰进行装饰。

树池　　盾牌 弓箭
将圆盾和弓箭的造型进行提取,运用至树池的设计中,充分弘扬内蒙古传统民族文化。

垃圾桶　　箭囊
提取投箭的动态形式,将垃圾桶比作箭囊,进行趣味性演变。

地徽　　奔马
将奔腾的骏马作为设计元素运用至地徽标识,寓意呼和浩特市的发展奔腾向上。

图 8-29　将军衙署站文化特色城市家具

图 8-30 将军衙署站前广场效果图

8.2 城市轨道交通既有车站接驳设施改造更新设计与建设实践

8.2.1 呼和浩特火车站（交通型）

1）车站接驳设计方案概况

（1）车站基本情况。

呼和浩特轨道交通 2 号线于呼和浩特火车站南广场设站一座增强轨道交通与对外枢纽的衔接。车站位于呼和浩特市锡林郭勒北路和车站东、西街的交叉路口。车站为地下三层岛式站台，地下一层为站厅层，地下二层为设备层，地下三层为站厅层。车站设置 4 个出入口，其中 1 号口与 4 号口对称设置于呼和浩特火车站广场中轴线两侧，与火车总站站前广场合建。

火车站呼和浩特站始建于 1921 年，现状使用的新站房于 1996 年建成投入使用，并在 2016 年进行了更新改造。截至 2017 年 8 月，呼和浩特站总建筑面积为 39038m^2，站场规模为 4 台 20 线，承接高速及普速列车。原车站广场主要为停车场功能，内有出租汽车、小汽车使用的单向上落客区车道边；常规公共交通车站在广场最外围，紧邻丁字交叉口（图 8-31）。原布局以小汽车接驳为主，上落客区规模难以满足其需求，因此堵车现象严重。而公共汽车与小汽车交织严重，还存在公共汽车掉头影响丁字交叉口交通的问题。此外，轨道交通出入口建设在原停车场位置，使得广场空间恢复十分受限，亟须结合轨道交通建设，统筹考虑所有交通方式，优化轨道交通车站乃至火车站接驳方案。

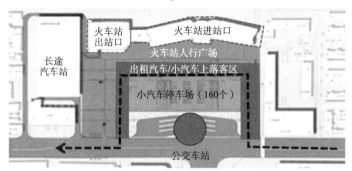

图 8-31　呼和浩特火车站站前广场原功能布局

（2）接驳设计方案。

首先是步行接驳方面，轨道交通车站在交叉口各个象限都有出入口，对周边乘客步行接驳服务较好。考虑衔接火车站的特殊型，车站与火车站之间的换乘客流具有短时、突发的特征，因此最主要的步行接驳服务应重点关注火车站换乘客流。接驳方案结合轨道交通工程，同期建设地下换乘大厅，将轨道交通进出站与火车站进出站通道在地下实现连通（图 8-32），将最主要的步行需求转入地下，减少地面广场的人群聚集，保证地面的人车分离。

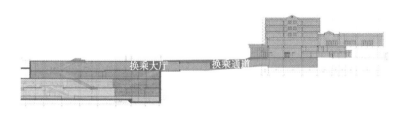

图 8-32　轨道交通车站与火车站地下换乘通道

将地面空间原停车场、车道边、公共交通车站的功能重新梳理，在空间受限的条件及公交优先的原则引导下，接驳方案取消地面停车场，优化原内部微循环单向几字形车道边功能，引入常规公共交通上落客、出租汽车及小汽车上落客功能（图 8-33）。

将常规公共交通接驳上落客功能置于几字形车道边最北侧，距离火车站广场最近的区域，以减小公共交通的换乘距离，共设置 3 个公共汽车停车位。将出租汽车上落客功能置于广场车道边的西侧，共设置 14 个车位，满足预测的需求。同时优化流线组织，设置一停一行的车道站台两组，提高停车位使用及接驳效率。此外，在车道边东侧预留 6 个小汽车接驳车位（或 3 个大车车位），可根据接驳需求调

151

整使用功能,如在近期允许小汽车利用车道边临时上落客,远期用以增加公共交通接驳线路。

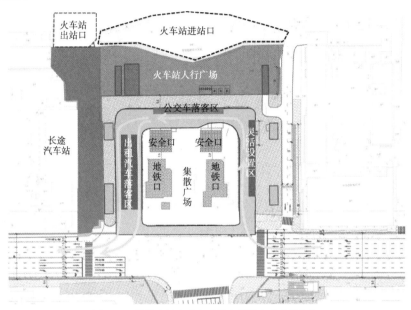

图8-33 站前广场车道边功能布局及车流流线组织

几字形车道边流线符合右进右出的交通组织方式,内部车道数量均实现了功能的区分及流量的匹配。对公共汽车全程保留一条公交通行车道,在上落客位处增加一条渠化停车道。将出租汽车、小汽车车道设置为由一条行车道变为两条行车道再变为两停两行车道的渐变车道,保证驶出效率大于驶入效率,不产生流线的交织。此外,因设施供给有限,对该区域采用严格的交通管控措施,促进出租汽车及小汽车即停即走,保障内部道路的畅通运行。

原有的停车场停车需求则由站前广场之外、交叉口东南角的换乘中心来实现。轨道交通建设施工需要将交叉口东南角的违章建筑拆除,远期规划为交通枢纽用地。借此契机,轨道交通施工完成后利用交通枢纽用地建设停车设施,满足接驳火车站的停车需求。

2)项目特点

(1)实现轨道交通车站交通接驳工作推动下的铁路枢纽交通提升。

呼和浩特火车站为老城区火车站,周边的集散交通、地区交通和过境交通三者高度集聚,同时由于人口岗位密集、道路资源有限、交通设施陈旧,区域交通拥堵问题尤为突出,具体成因包括客流需求与早期功能预留不适配、交通组织原则未体现人本位、交通管理措施不到位等。

轨道交通接驳工作并不是仅仅考虑依靠轨道交通出行的客流需求,而是整合服务范围,统筹接驳工作涉及的所有交通方式,从铁路综合交通枢纽一体化的角度展开接驳设计工作。轨道交通车站的步行接驳要求推动出入口与火车站站房的一体化,建设地下换乘通道;轨道交通出入口前集散广场疏散空间的要求推动火车站站前广场的功能转型,由停车场转变为景观广场;同时轨道交通施工临时占地对违章建筑的拆除也促成了周边城市更新工作的推进。即轨道交通车站的引入不仅增加了火车站接驳的交通方式、优化了枢纽的出行结构,还实现了以轨道交通车站建设为契机对铁路枢纽综合交通的提升。

（2）充分秉承公交优先的设计理念。

轨道交通车站出入口的建设扰乱了原站前广场内由内向外小汽车车道边、停车场、常规公共交通车站的功能布局。在施工完成后的广场恢复工作中并未按照原状恢复进行,而是秉承公共交通优先的原则,重新梳理接驳比例、不同交通方式的换乘关系,形成新的接驳设施布局（图8-34）。首先,常规公共交通作为公共交通方式,占有相对较高的接驳比例,因此将常规公共交通车站置于广场最北侧,减少最主要客群的换乘距离。其次,考虑出租汽车、小汽车的临时上落客需求,在保障公交运力的情况下增加私人机动化的服务。而对于占用空间大、使用效率底下的停车场,则考虑外迁或者地下化。设计层面保证公共交通方式的便捷性,推动枢纽交通出行结构向以公共交通为主的方式转变,利用设施供给的调控来倒逼枢纽地区的私人机动化出行减少,有助于老火车站地区整体交通问题的改善。

图8-34　站前广场车道边功能布局效果图

(3)超前规划远期综合换乘枢纽的设计构想。

接驳方案借助交叉口东南角违章建筑的拆迁于轨道交通开通时建设临时停车场,替代原广场内的停车功能。同时接驳方案给出该地块(交通枢纽用地)实现规划后的远期方案,建议远期建设交通换乘中心(图8-35),实现三大方面的功能。一是扩大火车站交通供给能力,可停靠270个车位,同时纳入停车功能、站前广场的小汽车上落客功能、出租汽车停车区功能,从而降低站前广场的交通压力;二是换乘乘客可利用轨道交通车站换乘通道从地下直达火车站,降低交叉口过街人流量需求,缓解交叉口拥堵;三是提升区域景观,利用建筑一体化,减弱轨道交通出入口和风亭设施对城市景观的影响。

图8-35 停车楼效果图

8.2.2 西二旗站(商办型)

1)轨道交通线路概况

既有北京市轨道交通13号线是北京市轨道交通线网中西北方向放射的辅助线,属中运量的快速轨道交通系统,于2003年通车运营。线路长40.74km,已运营车站16座,其中高架站4座,地面站11座,地下站1座。设霍营车辆段一座,占地32hm^2。

13号线扩能提升工程,从既有西二旗站—回龙观站区间进行拆分,在16号线和17号线之间搭建X形横向线,形成13A线、13B线两条线路。13A线由车公庄至天通苑东,线路全长约31km,共设17座车站(不含已经建成的清河站)。其中,新建线路约20km,新建车站12座(含新增清华东路西口站),车辆由6B组扩编8B编组,改造既有5座车站(西二旗、上地、五道口、知春路、大钟寺),新增停车场一处。13B线由马连洼至东直门,线路全长约32km,共设15座车站。其中新建线路约9km,新建车站6座(含新增建材城东站)。

既有北京市轨道交通昌平线于2010年12月30日开通运营一期工程(西二旗站至南邵站),于2015年12月26日开通运营二期工程(南邵站至昌平西山口站)。北京市轨道交通昌平线南起海淀区西二旗站,北至昌平区昌平西山口站,联系了昌平区与北京中心城区。截至2019年11月,北京市轨道交通昌平线全长31.9km,共设12座车站,其中高架站6座,地下站6座;拥有十三陵景区车辆段1个车辆段和定泗路停车场1个停车场。

昌平线南延工程是一条中心城西部南北方向轨道交通骨干线,是中心城的加密线。昌平线南延工程北起西二旗站,南至9号线国家图书馆站,沿京新高速公路、小营西路、京藏高速公路、学清路、学院路、西土城路、学院南路、中关村南大街敷设。线路串联了北下关、北太平庄、学院区、清河、上地等重点功能区和居住区。线路全长16.6km,共设车站9座,全部为地下站,其中换乘站6座。根据昌平线南延工程与9号线衔接关系研究结果,昌平线南延工程拟分期实施,一期实施范围为西二旗站至蓟门桥站,线路总长为12.5km。共设车站7座,其中换乘站5座,全部为地下站(图8-36)。

图8-36　昌平线南延、13号线A线和13号线B线线路示意图

2）车站接驳设计方案概况

西二旗站（图8-37）为昌平线和13号线的换乘站，未来将变为昌平线、昌平线南延线和13号线A线的换乘站。既有西二旗车站位于海淀区京新高速公路东侧，上地东路与上地九街交叉口处以北；现状车站西侧为京新高速公路，东侧为既有铁路，南侧为既有西二旗老站房，北侧为公交场站。车站呈南北向布置，昌平线为高架线，13号线为地面线。车站为地上三层站，设两个出入口。

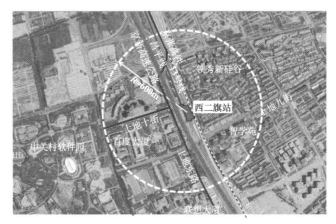

图8-37　西二旗站位置示意图

13号线扩能提升工程设计对车站进行改造，将车站站台向南端加长，站厅层则向南北向分别扩大，扩大后的站厅对出入口和安检区域进行重新布置，方便组织乘客进出站流线。东侧增加过铁路出入口，同时增加高架层进站厅，改造后车站设A、B和C三个出入口，每个出入口又分为两个进站方向（图8-38）。

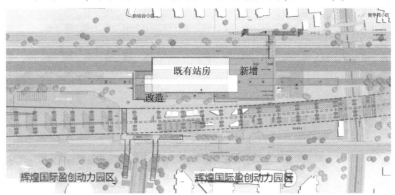

a）西二旗站设计布局方案

图　8-38

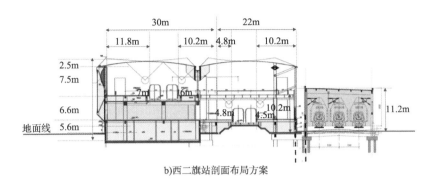

b) 西二旗站剖面布局方案

图 8-38 西二旗站

由于西二旗站是既有车站,因此车站现状也配置了较多的接驳设施(图 8-39)。设有站前广场 1 处,部分位于京新高速公路桥下空间、部分开敞,均位于线路和铁路以西;由于缺乏东侧出口,且站前广场被大量停车场所分隔,步行空间有限,因此车站的进出条件较为不便。

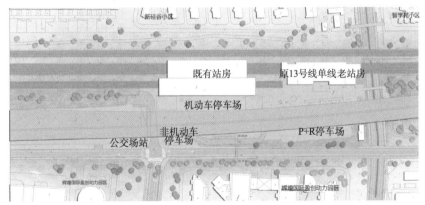

图 8-39 西二旗站现状交通接驳设施分布

现状非机动车停车设施分置于广场西北和东南处,可停放非机动车 1100 辆。另外,在上地九街沿路、上地东路和京新高速公路桥下,还有两处非机动车停车场。虽然非机动车停车场较多,但规模仍显不足,共享单车乱停乱放。在京新高速公路桥下设有 P+R 停车场,共设置 200 个车位;同时设置公共小汽车停车场 1 处,设 150 个车位。在车站北侧桥下有公交场站 1 处,面积为 9000m^2,5 条公交线路在此发车。

在 13A 线西二旗站交通衔接设计中,针对步行设施,改造现状机动车停车场,在车站西侧出入口前新增集散广场,并结合现状条件扩大设置了绿化广场,共同组

157

成站前广场;结合东侧出入口,也增设站前广场。考虑到车站的直接吸引范围内主要为居住和办公用地,3个出入口分别位于车站的东西侧,以方便各个方向的行人换乘。远期规划在西北入口—上地十街交叉口增设人行过街地下通道一处,缓解进站人行过街压力。在东出入口外,有规划的城市道路,但车站开通初期预计难以实现道路规划,为了东部区域的方便乘客进站,设计在车站东侧出入口前新建步行便道。

对于非机动车衔接设施,西二旗站结合各出入口需求及实际用地情况,设置多处非机动车停车场,可以满足预测的未来有所增长的停车需求。

对于出租汽车接驳设施,设计利用上地十街的绿化带拓宽成停车港湾进行临时停靠,共设置7个车位。

对于公交场站,本次设计调整桥下既有公交场站的出入口功能和交通组织流线,将公交场站由现状的顺时针交通组织改为逆时针的组织方式。按照这一组织方案,乘客上下站台能够更为紧密地与人行集散广场相结合,有利于站前的慢行环境提升。

同时保留既有P+R停车场,但调整P+R停车场的进出口位置,优化交通组织流线(图8-40)。

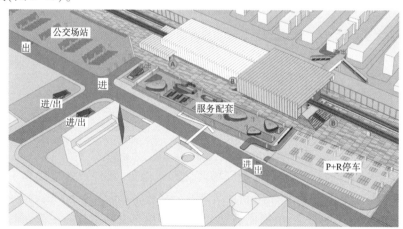

图8-40　西二旗站交通接驳设施改造情况

3)项目特点

(1)注重优化车站的慢行交通接驳需求。

目前西二旗站的主要乘客是去往中关村软件园的,距离车站2km左右。因此,大量乘客出站后需要衔接换乘,造成车站周边交通设施能力严重不足、秩序混乱(图8-41)。突显出站前广场功能安排不合理,人行空间狭窄、非机动车无处停放,机动车停车场效率不高的问题。同时整个区域受铁路、13号线影响,东西两侧慢行连通通道少,目前跨铁路慢行通道只有4条,东侧无出入口,无法服务车站东侧主要居民区轨道出行。车站东侧客流必须绕行至西侧进出站,居民进站绕行距离很远、出行不便。

图8-41　西二旗站周边现状慢行环境较差、规模不足问题突出

在轨道交通接驳的改造设计中,针对车站的这一情况,将释放桥下空间、优化慢行接驳、改善慢行交通品质作为设计的重点。首先在车站东侧新增出入口,解决东侧乘客进站不便的问题;其次改造利用率不高但占地面积较大的机动车停车,整合场前人行空间,扩大站前广场(图8-42)。在通往站前广场的非机动车车道周边合理的位置,布设非机动车停车区,满足非机动车停车需求,并结合京新高速公路桥下空间增设绿地公园等休憩场所空间。并设计在远期,在交叉口处增设地下通道,剥离西侧进出站步行客流与车辆,改善平面交织混行状况,分离人车空间(图8-43)。

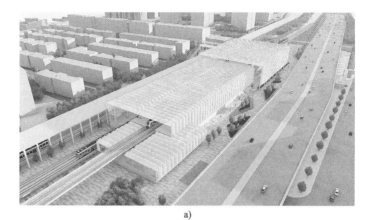

a)

b)

图 8-42　西二旗站注重扩大和优化站前广场

图 8-43　在上地十街交叉口规划增设地下通道

(2)注重优化轨道交通接驳设施和场站的交通组织流线。

现状西二旗站的公交场站、机动车停车场和 P+R 停车场均利用上地十街处的交叉口和内部道路进出车辆,进出口过于集中且阻断了慢行通道。

在轨道交通接驳优化设计中,调整了桥下既有公交场站的出入口功能和交通组织流线,将公交场站由现状的顺时针交通组织改为逆时针的组织方式。按照这一组织方案,利用原路口桥下空间,设置公交落客区,与站前广场直接相连。这一设计可以使公交车站更为紧密地与人行集散广场相结合,使人快速抵达轨道交通 A 出入口,实现公交上客区与轨道交通实现零换乘。

同时调整南侧 P+R 停车场的交通组织方案,在上地东路单独设置出入口,实现场站的独立进出,同时兼顾 P+R 场站与 B 口站前广场连通。出入口位置在选取时注意与对侧地块对应,减小对道路交通机动车流的影响(图 8-44)。

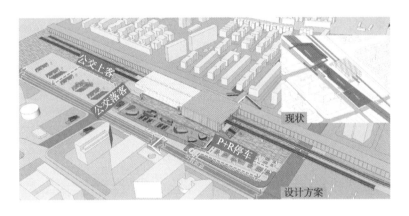

图 8-44 西二旗站对于机动车交通组织的优化调整

除调整机动车交通组织方案外,结合取消车站主体正西侧桥下空间临时停车,调整为站前广场、公共空间和非机动车停车等功能区域的方案,还调整了慢行交通的组织流线;梳理西侧进出站及接驳流线,实现人车分流多路径进出站,并增设东侧进出站流线。在西侧重新赋能站前广场,形成了连续开敞的步行空间,全面提升了乘客步行的感受和空间景观。

8.2.3 五道口站(商办型)

1)轨道交通线路概况

北京市轨道交通 13 号线在西二旗至龙泽站区间对既有 13 号线进行拆分,形成 13A 线、13B 线两条线路。13A 线南段由既有 13 号线大钟寺站以南拨线向南延伸至车公庄，与6号线换乘，实现30对折返能力，北段由既有13号线西二旗站以北拨线向东敷设至回龙观、天通苑，与17号线换乘。

线路全长30.28km，其中新建19.18km，改造11.1km。全线设车站18座（含清华东站及清河站），其中新建车站13座，改造5座（其中大钟寺以南13号线拨线新建4.37km，新建车站3座）。平均站间距1.7km，最大站间距3.9km，最小站间距0.97km。采用8B编组，运能达5.75万/h。

2）交通衔接设施方案

（1）规划策略。

13A线和13B线经过城市中心城区和外围地区，交通衔接规划应与站点类型和区位相结合，以轨道交通系统效益最大化为目标，体现交通一体化、公交优先等原则。结合13号线沿线规划、用地、交通条件，其交通接驳原则主要有如图8-45所示4个方面。

打破阻隔

结合站点周边新建和提升道路6条；站点出入口跨铁路、高速公路3个

增强秩序

4个车站以路侧式非机动车停放为主，16个车站以集中式非机动车场为主，55处集中停放区，36路侧停车区

拉近距离

新建过街天桥、地下通道4处，涉及人行道拓宽约6处

提升感受

全线需保留公交站台26对，新增公交站4对，港湾式公交站台改造8对；新增公交场站1处；新设港湾式上落客区11处；结合京新高速公路、京藏高速公路、线路首末站与本线接驳点设置P+R停车场3处

图8-45　13号线拆分交通接驳原则及主要方案汇总

（2）接驳重点。

步行是接驳的核心方式，行人道应安全、连续、舒适、便捷。改建车站：宜结合需求打通铁路、高速公路、城市快速路两侧的阻隔。在横向人流量超过5000p/h的站点鼓励采用立体过街设施。

非机动车是接驳的主要方式，非机动车应停放有序，减少交织。新建车站应采用分散与集中相结合的布设原则，保障非机动车的停放空间；改建车站应整合和优化非机动车停放空间，避免对人行道的占用。在用地局促的条件下考虑采用立体布设的形式，通过一体化统一设置。

常规公共交通是鼓励采用的接驳方式，应优化公交站点接驳距离和候车环境。

改建车站应提升公交候车环境,接驳距离控制在150m以内。结合道路条件优先采用港湾式停靠站。

(3)车站分类。

经梳理统计13B线路站点周边500m范围内规划各类用地面积,对沿线车站类型进行划分。核心区域站点2个,中心区域站点10个,外围区域站点9个;配建小汽车P+R停车场共2处,出租汽车含即停即走车位共12处。

(4)五道口站接驳方案。

五道口车站在现状二层车站的基础上,通过加长、加宽站台,外挂设备房、楼扶梯等方式进行改造。

现状车站建筑对成府路形成交通瓶颈,改造车站预留道路拓宽条件(实现规划红线宽度),改移车站进出口从现状车站下方至四个象限,腾挪轨道交通冗余空间给城市道路通行使用,从而进一步优化成府路道路断面,使成府路道路通行条件满足规划设计需求(图8-46)。

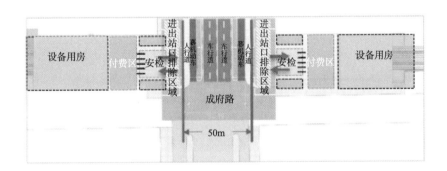

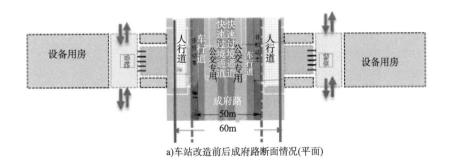

a)车站改造前后成府路断面情况(平面)

图 8-46

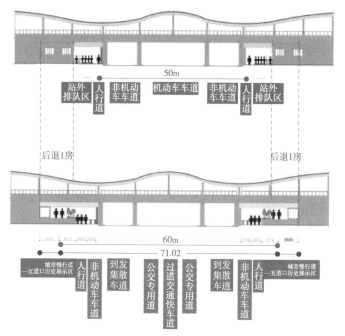

b) 车站改造前后成府路断面情况(剖面)

图 8-46 成府路断面

为改善荷清路—成府路交叉口人车交织现象,立体组织成府路—荷清路人车通行路由,抬升人行层至二层步行天桥。荷清路西侧非机动车接驳人群可从交叉口西侧直接上二层平台进站,将非机动车停放在荷清路西侧地块,结合人行动线的调整,将荷清路局部拉直,扩大荷清路西侧地块空间,用以西侧非机动车停车布设(图 8-47)。

车站的直接吸引范围内主要为居住、商业和办公用地,一层 4 个出入口分别位于车站的四个象限,方便各个方向的行人换乘;结合地面出入口用地设置 4 处集散广场,二层平台在车站外部设置 6 组扶梯,荷清路西侧 2 组,车站东西侧各 2 组。

车站周边为居住、商业和办公用地,是非机动车客流的主要来源,非机动车客流来自各个方向,结合各出入口需求及实际用地情况在各个出入口设置 6 处非机动车停车场,方便客流衔接换乘。

南北向过街人群,可通过扶梯提升至平台过街,东西向过街人群,在荷清路西侧上平台,到站体西侧下平台,再通过地面到达站体东侧。平台上的 E、F 口进出站乘客,主要通过扶梯到达二层平台再进站,进站后可通过站内过轨天桥,到达东侧站台乘车。

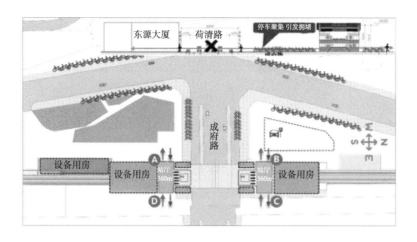

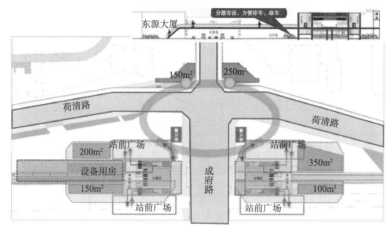

图 8-47　荷清路局部拉直前后对比平面图

一层出入口非机动车停车场,布置在出入口周边,站体南北两侧桥下空间,二层出入口主要结合二层电梯位置设置,为此调整荷清路线形,便于乘客在上二层平台前停放非机动车。

车站周边距离出入口 200m 范围内既有公交车站台为五道口站、荷清路南口公交车站两座,能够满足未来交通衔接的需求,故不需新增建公交车站台,建议改造为公交港湾站台。

3)项目特点

(1)以轨道交通接驳提高城市交通微循环效率。

利用车站建筑改造的契机,消除城市道路局部交通瓶颈,对成府路各车道功能重新定位,快慢分流,提高道路通行效率。建造二层步行平台,以立体方式分流站点周边的人流车流、进出站客流和商圈客流。合理布局站前交通设施,与各方式接驳流线相吻合,最大限度方便客流换乘轨道交通。车站 100m 范围内,清退机动车停车位,改为慢行友好空间。

(2)结合京张绿廊一体化设计,打造区域地标性建筑。

以京张绿廊建设为契机,对站前广场和接驳空间采用生态、休闲设计理念,将车站融入城市之中,车站不再只是车站,而是一个连接四周的交通平台。未来的五道口不仅是一个便捷的车站,还是一个绿色和谐的公园,更是一个青年交往的舞台。五道口站建筑效果如图 8-48 所示。

图 8-48 五道口站夜景效果鸟瞰图

4)轨道交通线路概况

北京市轨道交通八通线是北京市第四条建成运营的轨道交通线路,于 2003 年 12 月 27 日开通运营一期工程(四惠站至土桥站),2019 年 12 月 28 日开通运营南延工程一期(土桥站至花庄站)。北京市轨道交通八通线一期工程西起朝阳区四惠站,东至通州区土桥站,串联起北京中心城区与北京城市副中心。截至 2019 年 12 月,北京市轨道交通八通线全长 23.4km;共设 15 座车站(1 座暂缓开通),其中高架站 9 座、地面站 4 座、地下站 2 座(1 座暂缓开通);拥有土桥车辆段 1 个车辆段;列车采用 6 节编组标准 B 型列车。

5)车站接驳设计方案概况

通州北苑站为八通线车站,已经运营了近 20 年。在车站建设之初,设置有一处 P+R 停车场,位于轨道交通八通线通州北苑站西侧路,为地面停车场。面积

4292m²,东西向长约60m,南北向长约74m,原有142个地面停车位(图8-49)。

图8-49 通州北苑站位置示意图

此后,随着北京市轨道交通建设日趋完善,轨道交通客流不断增加,通州北苑站P+R停车场停车需求增加,原有的142个车位无法满足需求,门前道路与周边乱停现象严重,轨道交通周边交通环境较混乱。为解决以上问题,在2015年对该停车场进行了立体停车改造,增加停车供给,改善交通环境(图8-50)。

图8-50 既有地面P+R停车场的情况

在P+R停车场的改造设计中,首先考虑到客流潮汐现象非常明显,早晚高峰车辆出入集中,对车辆的存取速度和设备的稳定性要求很高;其次,P+R停车场作为城市公共交通基础设施,是面向社会服务的,使用群体不固定,因此要求设备易于操作,便于被大众接受;最后,作为北京第一个P+R机械式立体停车库,该项目的建设需要起到示范作用,停车场的智能化程度和服务水平要高,建筑形象要美观。结合以上要求和场地的条件,设计采用平面移动类机械停车设备,设5个贯通式出入口,车辆正进正出,避免倒车;同时结合停车场智能管理系统,自动显示停车情况,智能检测车辆位置,自动存取车。

P+R停车场主要出入口位于场地东侧,北入南出,机械立体停车库位于场地西侧,因投资和工期等原因,车库最终建设规模为四层,首层架空,地上二到四层停车,建筑高度11.55m,立体停车库共停车231辆,周边布置地面停车67辆,总停车位298辆。其中无障碍停车位6个,普通充电车位20个,快速充电车位5个,普通地面停车位36个。

车库一层层高3.3m,车库二到四层层高2.55m,车库总高度11.55m;建筑面积6207m²。车库首层中间设汽车出入口5个,控制室两个,其余位置架空供行车和地面停车,设检修钢梯两部。

P+R停车场大多由政府投资,属于公益性设施,收费低廉,故对于建筑造型,设计基调是朴实、大气、实用。机械停车库北立面和南立面为局部开敞,水平横移车运行通道两侧以穿孔铝板装饰;车库东侧全部开敞,安装LED大屏幕两个,用于显示停车和管理信息(图8-51)。

图8-51 通州北苑站的立体P+R停车楼改造情况

通州北苑 P+R 停车楼改造后的运行情况较好,同时车位相对较为充足,扩建之前停车位不足的问题得到了有效的解决。

6)项目特点

(1)注重科学预测 P+R 停车场需求规模。

P+R 停车场的规模,主要由轨道交通站的停车换乘客流和地面衔接道路的负荷水平决定。本项目预测研究的范围为通州北苑轨道交通站及其周边影响范围,即车站周边的 2~3km 范围,选取工作日早晚高峰时段进行调查,调查的内容主要有:现有停车换乘设施位置、规模以及周边路网情况;P+R 停车场使用者的出行目的、出发地、出行时间;车站周边的车流量及驻车换乘车流量、公交线路情况、道路交通状况。调查结果显示,周边道路目前均未到达拥堵状况,P+R 停车场的使用比例约为 4%(图 8-52)。

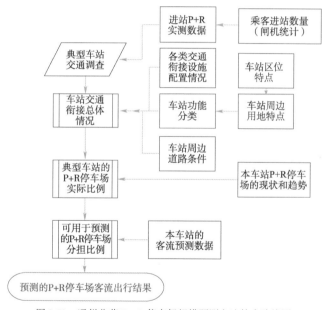

图 8-52 通州北苑 P+R 停车场规模预测方法技术路线图

鉴于小汽车停车为压抑性使用需求,考虑道路的承载能力,根据轨道交通站远期的客流规模,P+R 停车场的使用比例取 6%(现状的 1.5 倍),测算 P+R 停车场的远期规模应为 351 辆。采用道路负荷能力这一影响因素分析法,经过分析得知,通州北苑 P+R 停车场规模控制在 350 辆时,对周边路网的影响尚能够保持在合理水平,超过这一规模范围,将给周边道路交通带来一定的压力,但只要控制在 450 辆以内,道路网就不至于处于拥堵状态(图 8-53)。

图 8-53　为开展预测所进行的交通调查情况

(2) 停车设备选型科学、便利乘客。

针对 P+R 停车场驻车特点,通州北苑立体车库设置 5 个进出口、5 台平移车,平均停、取车时间为 90s 左右。驾驶员只要把车停在车库出入口,车库门经线圈感应则可以自动开启,车辆驶进车位后驾驶员则可刷卡离开,车库系统能够自动优先选择最近空位停车。取车时也只要刷卡即可自动出车(图 8-54)。

图 8-54　通州北苑站立体 P+R 停车楼的管理情况

乘客对于通州北苑立体停车库的评价普遍较好,认为使用方便、价格优惠,是北京市轨道交通车站周边独一无二的先进便民的立体停车场,大大方便了轨道交通出行和换乘。

8.2.4　荣昌东街站(商办型)

1) 轨道交通线路概况

荣昌东街站为北京市轨道交通亦庄线及有轨电车 T1 线换乘车站,服务两种轨道需求。

(1)北京市轨道交通亦庄线。

北京市轨道交通亦庄线(图8-55)起点为轨道交通五号线宋家庄站,出站后以地下线形式沿规划宋庄路向南,至顶秀家园后转向东,在凉水河东侧与凉水河并行,下穿南四环后沿四环继续向东,至小红门路转向南;在四环和五环之间,线路沿规划路向南下穿小红门中心区,穿过高压走廊及三台山村后出地面,以高架线形式上跨成寿寺路后,沿凉水河至五环;线路上跨南五环后进入开发区,沿亦庄新北环路、宏达路、康定街等预留轻轨位置到达通惠排干渠,过通惠排干渠后转入地下,以地下线方式到达亦庄规划区东边界的亦庄火车站。起点设置宋家庄停车场、终点设置车辆段。

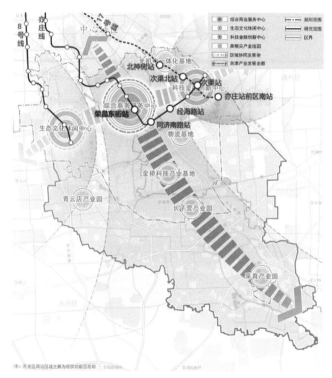

图8-55 亦庄线线路走向示意图

轨道交通亦庄线是一条联系市中心地区和亦庄新城的线路。从功能上讲,轨道交通亦庄线是典型的交通导向发展(TOD)类型线路。随着城市的发展,人口的增加,尤其在早高峰时段,北京市轨道交通亦庄线东段客流压力大,运量运力矛盾突出。

该线途经丰台、朝阳、大兴、通州四个辖区和亦庄开发区,正线全长22.782km,共设车站14座,其中地下车站6座,高架车站8座。全线最小平曲线半径350m,最大纵坡为30‰。

(2) 有轨电车 T1 线。

亦庄地区有轨电车 T1 线(图 8-56)途径亦庄开发区的路南区、河西区、核心区和路东区,是亦庄地区内部区域性公共交通骨干线路。该线作为中心城轨道交通系统的外围拓展线和客流饲喂线,属于中低运量轨道交通系统。线路南起博兴南路南端,沿博兴南路向北,过南六环后进入河西区;在河西区沿博兴路向北敷设并上跨凉水河;进入核心区,沿荣昌西街、荣昌东街敷设,下穿京沪高速公路后进入路东区;在路东区沿科创街向东敷设,终点设在科创街与潞西路交口。线路预留远期向火车站站前区延伸的条件。起点至经海路站(12.2km 线路及 12 座车站)均采用路中敷设方式,经海路站后至终点(剩余 0.9km 线路及 2 座车站)双线位于道路南侧 30m 宽的绿化带内。线路全长 13.1km,全部为地面线。设置车站 14 座,其中换乘站 2 座。平均站间距 921m,最大站间距 1658m,最小站间距 460m。

图 8-56　T1 线路示意图

2) 接驳设计方案概况

(1) 车站周边情况梳理。

现状用地相对较复合,但土地利用不甚高效。核心范围内产业用地占比 31%,社会停车场用地 6%,商业用地 23%,道路用地 28%,相对较为复合,但站点周边停车常用地、街角用地单一、利用率不高(图 8-57)。

图 8-57　车站周边现状用地情况分析

现状各类办公居多,缺少居住、商业休闲及公共服务等功能。根据轨道交通刷卡数据及手机信令数据,对荣昌东街客流来源进行分析。荣昌东街站客流主要来自亦庄内部区域,多为周边单位办公通勤人员。荣昌东街站人群主要来源于次渠南站、旧宫站、经海路站,主要为亦庄内部出行需求,同时与宋家庄站联系紧密。从进出站客流分布来看,该站为办公型车站,主要服务于周边办公区域的通勤客流。

现状道路网骨架已形成,路网结构较为完善。道路断面多为单幅路,是以机动化通行为主导的道路空间设计模式。主干路双向 6 车道,均已实现规划。站点周边交通基本完善,但空间品质、步行便利度、交通换乘等方面存在一定的问题(图 8-58、图 8-59)。

图 8-58　车站周边接驳情况照片

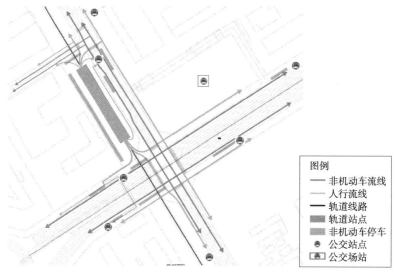

图 8-59 站点周边交通现状流线分析

（2）利用既有公交场站用地复合开发，提升区域居住和服务配套占比。

现状站点东侧公交场站和会展中心停车场占地面积过大，土地利用率低。提升后公交站场在一层，上盖可作为公寓和办公功能。公交场站上盖开发、会展中心停车用地立体开发利用。公交站场用地上盖作为办公和公寓功能，会展中心北侧新建商务酒店和配套办公，增加公共服务设施（图 8-60）。

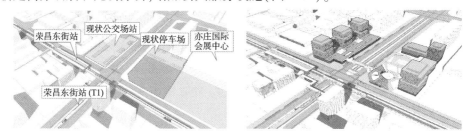

图 8-60 荣昌东街复合开发前后对比意向图

（3）优化站前区域，打造高品质、集约高效的行人广场。

现状车站站前广场区域非机动车停车现象混乱无序，行人流线与非机动车流线交织较为严重。同时未预留 T1 线与亦庄线的换乘通道，依托地面进行换乘。在改造中提出取消站前停车，打造行人广场（图 8-61）。现状站前广场空旷，被停车包围，提升后将成为行人休憩休闲的活力广场。

非机动车停车分布零散，部分停车位使用率不高。提升后将其整合集约停放，释放行人步行空间(图 8-62)。

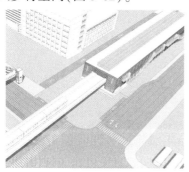
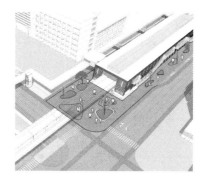

图 8-61　行人广场打造示意图

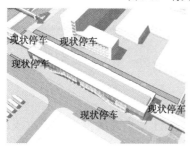
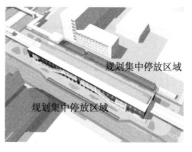

图 8-62　非机动车停车调整规划图

(4)结合周边设施布局,增设连廊等过街设施,建设充满活力的公共空间。

现状换乘路线曲折,联系不便(图 8-63)。同时面临南侧既有北京亦创国际会展中心作为世界机器人大会的永久会址,未来高峰时期将迎接约 36000 人次参观客流,对周边交通设施的承载力提出了挑战。

图 8-63　现状车站周边过街连廊示意图

在改造设计中将亦庄线与T1线、南侧公交车站二层连通,缩短换乘时间。同时在动车增加一座连接天桥,强化南北联系,且能与会展中心进行连通。将参加会展的轨道及公交客流与普通地面过街客流分开,减少短时大客流对于交叉口的影响(图8-64)。

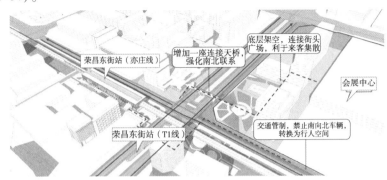

图8-64 改造后车站周边过街连廊示意图

3)项目特点

(1)人性化设计,优先安排行人和骑行者的流线。

在本站交通接驳设计中,特别注重考虑人行及非机动车出行的流线组织。结合现状亦庄线荣昌东街站为地上站,T1线为地面有轨电车线路车站的特点,利用既有两座车站的标高差异,打造了地面及二层立体式的廊道、保障换乘流线的畅通(图8-65)。

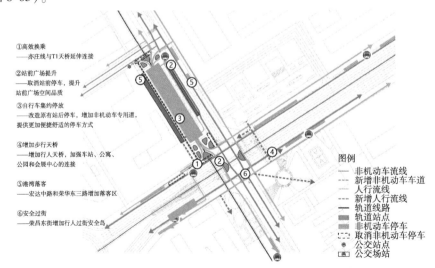

图8-65 改造后车站周边流线梳理及改造方案实施位置示意

现状亦庄线荣昌东街站多处缺乏无障碍设施,在过街及台阶等应设置坡道等无障碍设施,以解决不同状况的功能障碍人群的通行问题。因此在改造设计中,改造着重增加无障碍坡道的实际,保证道路的步行友好(图8-66)。

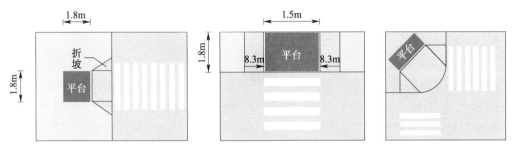

图8-66 人行道与路面过街衔接设计示意图

(2)打造充满活力的公共空间,增强车站周边地区吸引力。

利用站前广场与东侧用地符合开发的公交场站形成联动。打造更多的公共活动平台,提供更多的休闲商业空间,带动社区活力。吸引优质资源引进,同时保证既有会展资源等持续发展。利用轨道桥下空间,打造桥下运动公园,增加公共服务设施,提升周边居民居住品质(图8-67)。

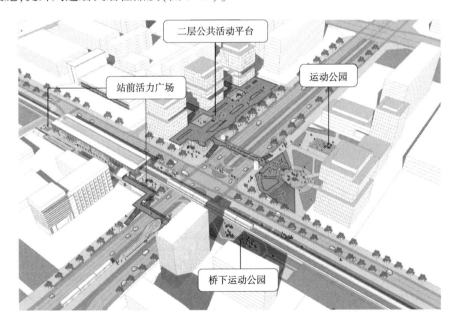

图8-67 改造后整体方案意向图

8.3 市域(郊)铁路车站接驳设施设计与建设实践

8.3.1 海口市东环铁路

1) 轨道交通线路概况

海南环岛铁路东环段北起海口市海口东站,南至三亚地区三亚站,包括海口、三亚配套工程,途经海口、文昌、琼海、万宁、陵水,最终抵达三亚,正线全长308.11km,是海南省第三条铁路大动脉。2017年3月17日,海口市组织召开了海南铁路相关问题路地对接部署会并提议:为缓解海口市内交通拥堵现状,最大限度发挥海南东环铁路在海口市域内运能,开展"利用海南东环铁路在海口至美兰站间开行轨道交通列车"的方案,以便能够加快完善海口市综合运输体系的构建,缓解城市道路交通压力。

项目于2019年底实施,这是海口市首条开通运营的轨道交通线路,也是国内第一条利用高铁开行的城际列车。该线路串联海口市美兰机场、动车东站、火车站,联动空港、海港,列车停靠的城区站点途经中心城区及外围产业园区,是推广铁路客运常规公共交通化模式和扩大优质增量供给的有益探索实践,为打造未来海口市轨道交通线网中的城际铁路线网规划建设形成闭环奠定基础。

东环高铁线开行城市轨道列车项目位于海南环岛铁路东环段,线路起点为海口站,终点为美兰站,该段线路全长38.054km,设车站6座,分别为海口、长流、秀英、城西、海口东、美兰等站,平均站间距离7.611km,最大站间距离14.154km(海口东至美兰),最短站间距离2.21km(城西至海口东)见表8-2。市郊列车周一至周四每日开行52对,发车间隔为10～40min。周五至周日每日开行63对,发车间隔为10～25min。未来,市郊列车每日开行对数将进一步增加,其高峰时段最小发车间隔将缩短至9min。

海口东环铁路市域车站表　　　　　　　　表8-2

车　　站	站间距(km)	车 站 性 质	是否设到发线
海口	—	客运站	√
长流	8.470	中间站	—

续上表

车　　站	站间距(km)	车 站 性 质	是否设到发线
秀英	7.330	中间站	—
城西	5.890	中间站	—
海口东	2.210	客运站	√
美兰	14.154	客运站	√

2)车站接驳设计方案概况

(1)海口站。

①交通接驳功能布局。

新建站前广场单向循环道路,并设置常规公共交通车、出租汽车、小客车分离式上落客区域(距离进出站口处仅100m),道路面积共2962m²(图8-68)。常规公共交通系统升级改造,新建常规公共交通停车场,含常规公共交通车停车位13个,满足常规公共交通首末站功能;建设常规公共交通车位充电桩105m²,同时停车场配建常规公共交通调度室37m²,常规公共交通停车场管理用房21.5m²(图8-69)。新建小汽车停车场,含车位75个(距离车站进出站口仅170m)。新建人性化设施,如卫生间、引导标志等(距离车站进出站口仅100m)。车站周边服务保障设施及景观风貌提升区设置于站前绿地,在此城市风貌用地处进行公园驿站设计,新建绿地1610m²。

a)海口站接驳功能布局实施后航拍图

图 8-68

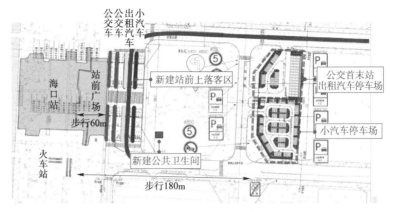

b)海口站接驳功能布局方案

图 8-68 海口站

图 8-69 海口站常规公共交通车站台方案实施后实拍图

②交通组织方案。

海口站的交通组织方案(图 8-70),其中内侧流线为小汽车和网约车流线,外侧流线为常规公共交通流线,中间流线为巡游出租汽车流线。小汽车和网约车流线以及巡游出租汽车流线由东向西通过站前北路,然后向南在落客区待乘客下车后,向东进入站前北路。常规公共交通流线则通过玉琼南路绕行至内部常规公共交通场站,完成上落客作业后,再次通过玉琼南路、站前北路驶离车站。

③常规公共交通运营组织优化方案。

a.既有常规公共交通线路。

海口站周边既有始发常规公共交通线路共 5 条,分别是 35 路、37 路、37 路快、40 路、40 路快。途经线路有两条,分别为 57 路、57 路快。以上线路的主要接驳目标是服务新海港的集散交通,接驳西海岸的乘客快速往返美兰机场。然而现状的常规公共交通线路在接驳方面仍存在一些问题:对西海岸的供给不足;缺乏对新海港、粤海南港等邻近区域的接驳服务。

图 8-70　海口站交通组织方案

b. 常规公共交通接驳线路配套方案。

针对既有常规公共交通线情况以及存在的一些问题,给出新常规公共交通接驳线路配套方案如下:

新增 80 路、81 路两条线路。新增的 80 路常规公共交通车,实现海口站—新海港—粤海南港环线循环接驳,途径滨海大道、长滨一路、长滨东二街、长滨西二街、粤海大道、站前北路,连接海口市两大海港,服务海口站北部及东北部方向客流。新增的 81 路常规公共交通车,始发站为市政府,终点站为海口站,途径长滨路、长滨东五街、长滨西四街、长滨四路、长滨西二街、粤海大道以及站前北路,接驳海口市东部大型住宅区,主要服务于海口站东北部及东部方向客流。此外,开行夜班常规公共交通运营保障接驳。海口站开行夜 4 路,23:00 开始从海口站运营。海口东站开行夜 1 路,22:30 开始从高铁东站运营,开行夜 3 路 23:30 从高铁东站开始运营。

(2) 长流站。

图 8-71 为长流站交通接驳方案实施后航拍图。

① 接驳功能布局。

改造方案:综合配套了常规公共交通枢纽场站和上落客区域,网约车专用停车区域、小汽车专用停车区域、非机动车停车区以及临时停靠点。

车站南侧配置常规公共交通场站 1 个,占地 18900m²,配套 109 辆常规公共交通车停车位;建设公共停车场 1 个,含车位 33 个,非机动车车位 100 个;设置路侧即停即走停车位 6 个。车站北侧增加公共停车场 1 个,含车位 30 个(网约车租用),增加非机动车车位 100 个,设置路侧即停即走停车位 6 个(图 8-72)。

图 8-71　长流站交通接驳方案实施后航拍图

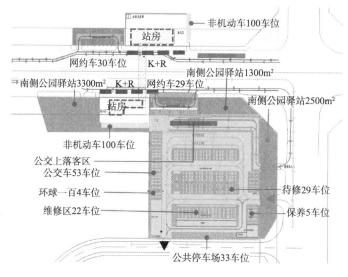

图 8-72　长流站接驳功能布局

②常规公共交通优化方案。

a.既有常规公共交通线路。

长流站周边没有始发线路,仅有两条途经线路,分别是 59 路及 59 快。邻近的线路有 5 条,分别是 30 路、92 路、96 路、210 路、74 路。邻近线路设永和花园站和李美村站,分别距高铁站 410m 和 460m,步行大概需要 5min。长流站接驳常规公共交通线路存在问题为车站与长流镇、西海岸以及澄迈老城、南部邻近乡镇和景点的接驳线路缺乏。

b.常规公共交通接驳线路方案。

调整210路常规公共交通线路:将210路调整为接驳线路,具体线路走向为镇海路、长滨路、长滨东二街、长滨西一街、长滨五路、长滨六路、长滨东五街、长滨路、南海大道。调整59路快为接驳线路:线路的首末站分别为长流站和澄迈老城站,具体线路走向为南海大道、长滨路、椰海大道、疏港公路、南海大道、南一环路、疏港路、北一环路、欣龙路、北二环路。新增212路及213路两条线路:新增212路常规公共交通线路,始发站为永庆寺,终点站为长流站,总长15.8km,途径永庆大道西路、盈滨路、南海大道、美安新城、长影100,主要服务于长流站西部客流,增强了车站与海口市西侧海岸区域的交通接驳。新增213路常规公共交通线路,始发站为石山镇(地质公园),终点站为长流站,途径海口绕城高速公路、火山口大道、椰海大道、长滨路、南海大道,主要服务于长流站南部客流。

(3)秀英站。

秀英站交通接驳方案实施后航拍图如图8-73所示。

图8-73　秀英站交通接驳方案实施后航拍图

①接驳功能布局。

改造方案:综合配套常规公共交通场站和上落客区域,小汽车专用停车区域、出租汽车停车区域和非机动车停车区域。

车站南侧配置常规公共交通场站1个,占地6600m^2,配套41辆常规公共交通车停车位;建设小汽车停车场1个,含车位37个,非机动车车位100个;设置出租汽车停车位100个。

车站北侧建设常规公共交通车上落客区 6200m²,增加公共停车场 1 个,含车位 40 个,增加非机动车车位 100 个(图 8-74)。

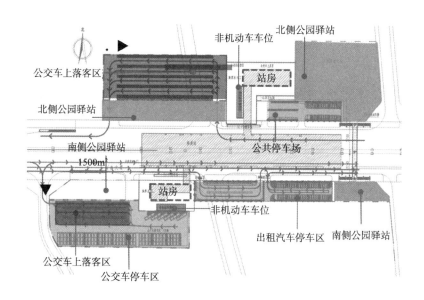

图 8-74　秀英站接驳功能布局

②常规公共交通优化方案。

a. 既有常规公共交通线路。

现状秀英站周边的既有常规公共交通线路共 4 条,分别是 1 路、54 路、59 路、74 路;邻近线路有 4 条,分别是 7 路、16 路、24 路、66 路。

现状年常规公共交通车线路与秀英大道以西的长秀片区没有直接联系,缺乏有效的交通接驳。此外,途径秀英站的线路在该站附近设站东环铁路秀英站,距离车站约 100m。邻近的线路在秀英站附近设有新村站,距高铁站 560m。可以看出常规公共交通新村站距离高铁站距离过远,对于交通接驳不便;且站点用地开发尚未启动,不利于客流的集聚。

b. 常规公共交通接驳线路方案。

新增 241 路:始发站菩提树,终点站秀英站,途径长天路、海盛路、科技大道、兴海路、永万路、向荣路、秀英大道以及南海大道。该线路服务于秀英站北部与西北部的客流,加强了该站与秀英大道以西区域的交通接驳。

新增 242 路:西起振兴小区,东至滨涯路首末站,途径兴海路、港澳大道、南海大道、秀丽街、美德街、美华路、美俗路。该线路服务于秀英站西部片区,加强了秀英站与秀英大道以西区域的交通接驳。

c. 调整 70 路和 202 路两条线路。

调整 70 路的线路走向,将原向荣路段线路调整至南海大道,使其更好地衔接秀英站。调整 202 路线路走向,202 路的一部分班次还按原来的线路开行,从蓝海家园始发,经美俗路、美华路、金福路椰海大道到达周仁村。其余班次则从蓝海家园始发,经向荣路、永万路、南海大道、金福路、椰海大道到达周仁村。

(4)城西站。

① 接驳功能布局。

a. 总体思路。

近期采用平铺式布局,利用汽车南站作为功能房,远期综合开发。

b. 停车设施设计方案。

南侧利用汽车南站场地 29000m²,设计配置 4 条线路、配属 56 辆常规公共交通车辆;设置小汽车停车场一处,设停车位 76 个和非机动车车位 100 个。

北侧新建 4180m² 站前广场,设置常规公共交通上落客区共 4 条车道,东侧设置 4 条出租汽车进口接客通道,2 条出口专用道。

c. 服务保障设施及景观风貌。

车站周边服务保障设施及景观风貌提升区设置于 8700m² 的绿地及 4180m² 的北侧站前广场(图 8-75)。

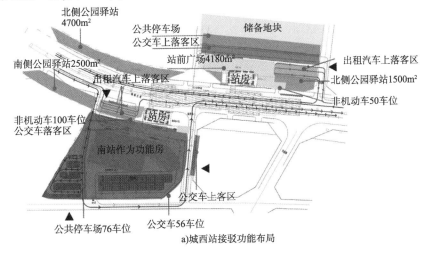

a) 城西站接驳功能布局

图 8-75

b) 城西站过街天桥实施后实拍图

图 8-75 城西站

② 常规公共交通优化方案。

a. 既有常规公共交通线路。

途径城西站的常规公共交通线路共有 13 条,分别是 9 路、14 路、18 路、208 路、35 路、53 路、58 路、59 路、59 路快、64 路、66 路、86 路和 86 路快。此外,还有机场公交 2 路。目前城西站与南部区域的接驳常规公共交通线路偏少,应对既有线路进行调整或新增常规公共交通线路,以增强城西站与南部区域的常规公共交通接驳。

b. 常规公共交通接驳线路方案。

一是调整 86 路、63 路、66 路和 208 路 4 条线路。86 路原西起新海港,经过滨海大道、永万路、海秀西路、丘海大道、南海大道、龙昆南路迎宾大道到达火车东站,调整后的线路在滨海大道向南绕行,由坡巷路、城西路、学院路、椰海大道、迎宾大道到达火车东站。调整后的 86 路增强了城西站与新海港之间的交通接驳。208 路常规公共交通线路调整后,加强了城西站与兴海路之间的交通接驳。调整后的 63 路及 66 路分别加强了城西站与丽景湾别墅之间、城西站与金盛达建材城之间的交通接驳。

二是新增 231 路。新增 231 路始发站为城西站,终点站为白水塘常规公共交通场站,总长 6.4km,该条线路加强了南部区域与城西站的接驳。

3) 项目特点

(1) 根据市郊(域)轨道交通站间距大、覆盖范围广的特点,扩大车站接驳设计研究范围。

市郊(域)轨道交通具有站间距大、沿线公共交通系统不完善、路网能力不匹配的特点,开通后可解决通勤、通学出行问题,吸引力大,服务半径达 3~5km,需通过多种交通接驳方式的补足,特别是机动车接驳,需要提供充足的用地资源来保障接驳水平。针对市郊(域)轨道交通,车站交通衔接设施的研究范围,可扩大到距车站中心3~5km,规划设计范围则可扩大到距车站中心800m(与车站功能相关联的区域)。不同制式服务水平特征见表8-3。

不同制式服务水平特征　　　　表8-3

比较项目	市郊(域)轨道交通	轨道交通	城际铁路	高速铁路
服务对象	市内通勤客流、远郊区县出行客流	市区内部通勤	区域城市群中心城市与周边城镇中短途型商务、通勤	跨区域中长距离旅客
线路长度	70~200km	小于50km	100~300km	大于400km
站间距	一般1.5~5km	市区1km左右,郊区1~3km	一般5~10km	一般30~60km
运营速度	一般不超过120km/h	一般不超过80km/h	一般不超过200km/h	一般在250km/h左右
服务特点	运能大,速度快,准时	低价,舒适,乘车方便	连接中等规模城市,服务频率高	高速度,连接距离远的城市

(2)充分考虑不同等级、不同类型车站交通接驳的不同特征。

市郊(域)轨道交通主要可以分为三个大类,即新建、改扩建和利用既有铁路,这三种类型项目在交通接驳的设计中侧重点不同。利用既有铁路改造和改扩建都需要在既有车站现状的交通设施基础上进行改造和优化,需要对既有车站交通问题进行梳理和解读,提出的交通接驳优化方案要能够解决既有车站存在的问题。新建线路及车站,与传统的轨道交通接驳设计思路类似。

(3)充分考虑多专业领域规范或不同标准的融合问题。

市郊(域)轨道交通接驳工作会遇到铁路标准的车站,也会有轨道交通类型的车站,面对不同类型车站,标准和规范有所不同。以站前广场为例来说,《铁路旅客设计规范》(TB 10100—2018)中在4.2.1节提出"……季节性或节假日旅客流量大的铁路客站广场,应有设置临时候车设施的条件。……人行区域面积宜根据旅客车站最高聚集人数按1.83m²/人计算确定。并且要求站前广场应设置厕所……"。铁路车站提出相关建议主要是考虑到铁路乘客会携带大件行李,在车站有候车需求和习惯,因此相应的站前广场要求设置的面积规模相对比较大。轨道交通一般在轨道交通车站出入口前设置站前广场,北京市地方标准《轨道交通接驳设施设计技术指南》提出站前广场的面积不宜小于50m²,并且不要求设置卫生间、管理用房等设施。因此,在实际项目设计中,应结合车站类型,综合考虑铁路和轨道交通领域的规范要求,结合实际的客流需求提出相应的设计方案。

8.3.2 北京市新机场线

1) 轨道交通线路概况

北京市轨道交通新机场线一期位于北京南三环以外区域,是线网中连接中心城与新机场的轨道交通线路。新机场线(现称大兴国际机场线)作为专门为新机场服务的大区间市域快线,预留延伸至丽泽桥的条件。

交通接驳设计主要考虑新机场线一期北延前工程范围,即南起新机场北航站楼综合交通中心,北至南三环附近的草桥,途经大兴、丰台两个行政区,线路全长41.36km,共设3座车站。其中,北航站楼站位于新机场北航站楼综合交通中心地下二层,与规划R4线、京霸城际、廊涿城际、规划S6线换乘;磁各庄站(现称大兴新城站)位于大兴团河地区双河北路与黄村大街之间,为地下二层车站,与规划S6线换乘;草桥站位于镇国寺北街北侧绿地,为地下二层车站,与10号线、19号线换乘。新机场线线路走向如图8-76所示。

图8-76 新机场线一期线路走向示意图

2)车站接驳设计方案概况

(1)草桥站。

①草桥站概况。

北京市轨道交通新机场线一期工程中,草桥站位于首开段北端起点站,与 19 号线、10 号线实现三线换乘,是西南部区域的航空对外交通转换重要节点,对新机场线开通运营起到至关重要的作用。且草桥站位于玉泉营桥东南角,受京开高速公路、南三环及京九铁路线的阻隔,车站周边交通衔接设置及交通组织是新机场线一期工程交通衔接的重难点,因此特针对草桥站交通衔接设施规划进行分析说明。

车站方案设置 A、B、C 三个出入口,与 10 号线草桥站通过地下换乘通道相连。其中 A 口更靠近新机场线,B、C 口靠近 19 号线(图 8-77)。

图 8-77　草桥站地面层出入口布局

②草桥站接驳客流特征分析。

a.草桥站接驳客流预测。

草桥站站点位于南三环,是新机场线一期工程首开段的北端起点站,是线网中连接中心城与新机场的轨道交通线路。草桥站用地规划为城市生态景观绿地,东侧为二类居住用地,东北为混合用地;京开高速公路西侧以商业、物流、仓储用地为主。该站属于车站分类中的主城区枢纽站中的交通类车站。

草桥站为三线换乘(19 号线、新机场线、既有 10 号线),由于线路的性质、建设时序等决定草桥站交通衔接客流量预测与普通车站存在以下差别:

a)草桥站客流输入以相应线路客流预测报告为来源,草桥站在新机场线、19 号线、10 号线的远期高峰小时进出站量分别为 2084 人次/h、5876 人次/h、5036 人次/h;

b)草桥站客流具有复杂性,分为航空客流(新机场线)和普通客流(10号线与19号线);

c)分方式接驳比例,结合现状需求的意愿调查比例、草桥站周边交通现状、北京城市总体规划中的交通服务指标要求,给出基于需求管理的接驳方式分担比;

d)不同于常规轨道线的接驳量测算,草桥站各方式接驳量的最大值为新机场线和19号线在早高峰或晚高峰的各方式接驳量总和;

e)统筹考虑既有设施的不足,对比10号线的既有设施,测算各方式的设施缺口。

新机场线草桥站交通衔接设施规模预测思路如图8-78所示。

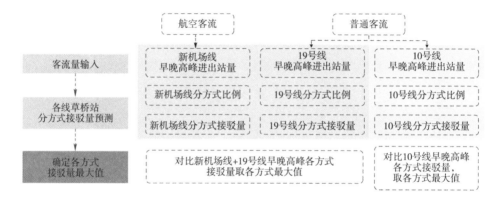

图8-78 新机场线草桥站交通衔接设施规模预测思路

通过分析新机场线草桥站初期和远期客流,可以发现远期草桥站需外部接驳量更大,因此确定远期为草桥站接驳设施规模预测研究年限。

根据《新机场线轨道专线客流预测报告》《北京市轨道交通19号线客流预测报告》,并参照既有10号线运行特征,草桥站不同线路远期全日及高峰时段客流量见表8-4。远期为2044年。

新机场线、19号线和10号线远期全日及高峰小时乘降量(单位:人次) 表8-4

时 段	类 别	新机场线	19号线	10号线
全日	乘降量	42662	125895	111443
	进出站量	19198	37769	35662
	进站量	9791	19262	17474
	出站量	9407	18507	18187
	换乘量占比	55%	70%	68%

续上表

时段	类别	新机场线	19号线	10号线
早高峰	乘降量	3535	26653	23980
	进出站量	1621	5876	5036
	进站量	724	2161	1990
	出站量	897	3715	3046
	换乘量占比	54%	78%	79%
晚高峰	乘降量	4711	13559	17975
	进出站量	2084	2984	3415
	进站量	901	1097	1923
	出站量	1183	1887	1493
	换乘量占比	56%	78%	81%

b. 各方式接驳需求量。

由于草桥站涉及新机场线和普通线路,需要结合不同类型线路分析草桥站各方式接驳比例。对于普通线路(19号线、10号线)而言,根据《轨道交通车站周边精细化规划设计案例与规划设计导则》,按照草桥站站点的区位和类型以及车站周边用地规划情况,得到草桥站普通线路的接驳比例,见表8-5。

19号线、10号线草桥站接驳比例　　　　　表8-5

出租汽车(含网约车)	小汽车	公交	步行	非机动车
4%	2%	18%	72%	4%

对于新机场线而言,首先针对新机场线草桥站做相应的出行意向调查,得到4315份有效问卷,结合问卷得到基于出行意向的接驳比例。但考虑到草桥站用地较为局促,且地块区域连通性较差,高峰小时大规模车辆进出车站对周边区域交通影响极大。因此,提出基于需求管理的新机场交通出行接驳比例(表8-6)。通过基于管理的新机场线交通出行接驳,可以有效鼓励公众使用绿色出行方式,进一步贴合北京城市总体规划中的交通服务指标要求。

新机场线草桥站基于意向和基于管理接驳比例　　　　　表8-6

类型		出租汽车	网约车	小汽车	公交	步行	非机动车	其他
基于出行意向调查	进站客流	41%	18%	18%	14%	2%	5%	2%
	出站客流	36%	21%	15%	21%	1%	5%	1%
基于需求管理	进站客流	38%		8%	33%	8%	12%	1%
	出站客流	29%		7%	45%	7%	12%	—

结合草桥站不同类型线路早、晚高峰客流量及接驳比例,可以得到不同接驳方式接驳高峰时段,见表8-7。

新机场线、19号线和10号线各方式高峰接驳时间及客流量(单位:人次)　表8-7

方式	新机场线+19号线			高峰时段	10号线			高峰时段
	进站量	出站量	进出站量		进站量	出站量	进出站量	
出租汽车	386	419	805	晚高峰	80	122	201	早高峰
小汽车	101	137	238	早高峰	40	61	101	
公交	628	1072	1700		358	548	906	
非机动车	173	256	430		80	122	201	
步行	1614	2737	4351		1433	2193	3626	

从表8-7可以看出,对于新机场线和19号线而言,除出租汽车进出站量高峰时段出现在晚高峰外,其他方式高峰时段均出现在早高峰;对于10号线而言,各方式接驳高峰皆出现在早高峰。

③草桥站分方式接驳规模匡算。

a. 步行衔接设施。

开通前:建议尽快打通车站与京开高速公路西侧地块通道,并考虑与轨道交通车站出入口连通。建议连通通道增设夜间卷帘门,便于机场线夜间停运后的封闭管理。

远期:尽快实现地下过街系统,充分利用立交桥下空间,建设露天城市公园,实现立交四个象限的区域连通,优化区域步行环境(图8-79)。

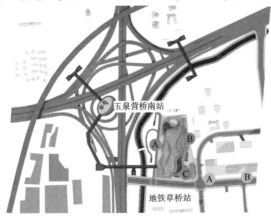

图8-79　桥区地下过街步行系统

b. 地面公交车站。

根据客流需求与接驳比例,公交接驳以早高峰客流作为基数,预测草桥站公交接驳设施规模。沿线规划新增(含改造)公交港湾或公交停靠站 4 处,其中草桥站在现状道路上改造两处,位于草桥站镇国寺北街的南北两侧。

c. 公交场站。

上位规划中,草桥站站点周边规划有两处公交场站。其中一处位于站点西南侧,柳村路与规划纪家庙一号路交叉口东南角的亿元朋苑公交首末站,占地 $0.5hm^2$;另一处位于站点正南侧,镇国寺北街与京开辅路交叉口的东南侧的公交场站,占地 $0.5hm^2$。

d. 非机动车。

根据客流需求与接驳比例,非机动车接驳以早高峰客流 2h 作为基数,预测草桥站非机动车接驳设施总量。总用地面积约 $2614m^2$,可提供非机动车停车位约 1460 个(含公共非机动车 700 个)。

e. 小汽车。

对于新机场线车站而言,草桥站设置便于小汽车上落客及停车的设施。根据客流需求与接驳比例,小汽车接驳以早高峰客流作为基数,预测草桥站小汽车接驳设施总量。草桥站在地面一层规划的小汽车落客区;地下一层设置小汽车上客区和停车区,能满足机动车约 50 个换乘停车位。

f. 出租汽车。

对于新机场线车站而言,草桥站设置便于出租汽车上落客及停车的设施。根据客流需求与接驳比例,出租汽车接驳以晚高峰客流作为基数,预测草桥站出租车接驳设施总量。草桥站在地面一层规划设置出租汽车上落客区,上客区 9 个,落客区 9 个;在地下一层规划设施出租汽车上客区和停车区,能提供出租汽车停车位约 35 个。

根据预测远期各交通方式接驳量,确定草桥站站点接驳设施需求规模,见表 8-8。

新机场线、19 号线和 10 号线各方式接驳设施规模　　　　表 8-8

类　型	对应接驳设施	新机场线 + 19 号线	10 号线(既有)	合　计	占 地 规 模
出租汽车	落客车位	9 个	0	9 个	—
	上客车位	9 个	0	9 个	—
	停车位	35 个	0	35 个	$1400m^2$

续上表

类　　型	对应接驳设施	新机场线+19号线	10号线(既有)	合　　计	占 地 规 模
小汽车	落客车位	2个	0	2个	—
	停车/上客车位	50个	0	50个	2000m²
非机动车	停车位	774个	312个	1086个	2172m²
公交	站台数	2对	2对	4对	5572m²

(2)磁各庄站。

①磁各庄站概况。

磁各庄站(图8-80)位于现状沐新路与双河南路的西北角,位于规划双河北路与黄村大街之间,沿南北向布置,远期S6车站与其平行呈南北向布置,两车站可实现平行换乘。

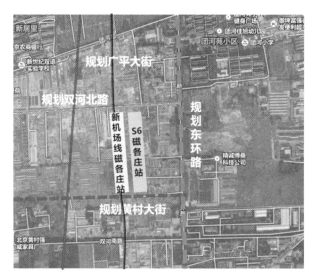

图8-80　磁各庄站站位及周边状况

车站周边大多无现状路,规划路线均未实现规划。其中,双河北路为城市次干路,规划红线宽30m,未实现规划;黄村大街为城市主干路,尚未定线,规划红线宽40m,无现状路;广平大街为城市次干道,规划红线宽40m,尚未实现规划;站位东侧规划东环路,红线宽60m,为城市主干道,未实现规划。目前站位的东北方向为团河苑小区居民区,东南方向为北京市监狱,西北方向为新居里居民区,其余周边地块尚未实现规划。车站周边规划用地主要为商业办公、居住等。

②磁各庄站接驳客流特征分析。

磁各庄站开通初期客流较单一,以机场航空客流为主,少部分机场工作人员通勤客流。未来S6线开通后,站点周边通勤客流逐渐增多。

航空客流较多携带行李,对轨道交通接驳要求高,平均的心理距离及物理距离较短,对信息服务需求比例较高,对建筑空间环境视觉畅通要求高,应当尽量减少接驳客流的步行距离,提高换乘衔接环境。机场工作人员通勤客流主要来自周边区域,接驳以步行、非机动车和公交车为主。

未来随着S6线的开通,轨道交通换乘客流增多,另外,随着一体化的开发,周边地块逐渐实现规划,非机动车、公交车等接驳需求增加。

③磁各庄站分方式接驳规模匡算。

车站远期拟结合新机场线磁各庄站及S6线磁各庄站进行一体化开发,初、近期一体化开发滞后于车站建设,故为保障新机场线磁各庄站开通运营后较好地接驳周边客流,磁各庄站拟初、近期根据交通需求布置简单的地面交通接驳设施方案,远期车站做一体化开发,交通衔接设施置于一体化开发范围内。在此,拟以一体化方案实施为界限,定义一体化方案实施前为近期,实施后为远期。

a.近期交通衔接设施方案。

a)道路:南北向广平大街、站位东侧东环路、北侧的双河北路和南侧的黄村大街尚未实现规划,且周边道路网规划尚未完全稳定,建议尽早落实规划道路网,双河北路、黄村大街、广平大街同步实施,若条件允许,尽快完善站点周边支路(规划一路、规划二路等)。

b)步行系统:车站以航空客流为主,机场通勤人员为辅,部分乘客会携带行李,故对步行系统要求较高,一方面,确保两侧道路人行道路宽度不小于3m,保证步行通道的使用空间;另一方面,保证其他交通方式与步行系统连接的顺畅性和舒适性。

c)公交设施:由于车站周边现状道路条件有限,大多数规划道路未实现,故该站公交设置首先需要保证道路网规划的基础实现。在道路网基本实现的基础上,建议在广平大街上至少设置1个公交停靠站,在条件满足的情况下,设南北向1对公交停靠站。

d)非机动车停车场:非机动车停车场主要为机场通勤人员服务,周边规划居民用地主要在东西方向,故结合车站3个出入口各设置1处非机动车停车点。

初、近期非机动车停车场设置一览表见表8-9。

初、近期非机动车停车场设置一览表　　　　　　　　表8-9

出 入 口	非机动车停车场面积(m^2)	非机动车停车位(个)	权　　属
A口(西南出入口)	30	30	北京市团河农场
B口(西北出入口)	35	35	
C口(西北出入口)	35	35	
合计	100	100	

e) 出租汽车设施:考虑到车站初期S6线未开通,车站对出租汽车需求量较大,且未来将进行一体化开发,对部分地块有详细的开发计划,故初、近期结合周边用地及道路条件在B口联合小汽车共同设置停车场。其中,出租汽车停车位20个,为了保障出租汽车停车位的使用权益,建议通过单独施划出租汽车停车位,并建立相应的监管制度(如小汽车停靠出租汽车停车位予以处罚);另外,出租汽车上落客均在出租汽车停车位完成,不单独结合道路边设置。

f) 小汽车停车场:在B口结合出租汽车停车场联合设置,其中小汽车停车位30个。

b. 远期磁各庄站一体化方案(交通衔接部分)。

a) 车站定位及规模。

通过磁各庄站一体化设计单位对车站一体化及交通方案进行研究,磁各庄站未来定位为片区级的大兴新交通枢纽、特殊需求的空港门户及大型全功能换乘站。提出该车站未来将有7种以上交通方式,交通类设施面积约4万m^2。磁各庄站一体化规模需求表见表8-10。

磁各庄站一体化规模需求表　　　　　　　　表8-10

换乘关系	交通规模	设施所需面积(m^2)
机场线换乘S6线	600人	—
换乘公交	4~6条线路	12000~20000
换乘出租汽车	约10个车位	约500
换乘小汽车	400~700个车位	15000~30000
换乘非机动车	约800个	约1600
换乘网约车	40~60个车位	2000~3000
换乘机场公交	2~3个车位	200~300

b) 车站一体化方案。

车站一体化拟建成多种功能在平面和竖向空间的布局组合,形成多种功能复合、空间延续的综合中心和标志性节点。一体化方案布局如图 8-81 所示。

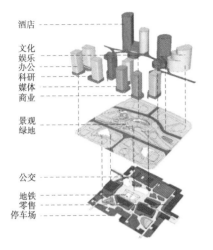

图 8-81　磁各庄站一体化方案

c）车站交通方案。

磁各庄站拟建立车行和人行交通立体化，即接驳交通立体化的车站。

其中，公交场站方案：在车站东侧设公交枢纽，与轨道交通平层换乘；出租汽车系统：在地面周边设置多个上落客点，出租汽车即停即走；机场公交停靠点：在地面设置机场公交的上落客点；停车场布局：小汽车停车场设在站厅层和夹层，地下三层开发配套车库，地下非机动车库均匀分布在夹层及地面层。具体分布如图 8-82 所示。

3）项目特点

（1）综合考虑了航空客流和普通客流的交通接驳需求。

客流构成较一般车站复杂，分为普通客流和航空客流。其中新机场线于 2019 年底开通，10 号线为已开通线路，19 号线预计 2021 年底开通。因此，不同于常规轨道线的接驳量测算，草桥站各方式接驳量的最大值为新机场线和 19 号线在早高峰或晚高峰的各方式接驳量总和。

①通勤客流分布。

由于京开高速公路及玉泉营立交桥的阻隔，车站西侧用地内人群不易到达车站，车站直接吸引范围受此影响主要集中在车站东侧和南侧用地。该部分用地以居住用地为主，且开发较为充分，多已实现规划。

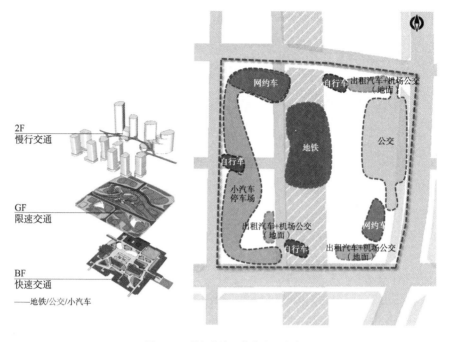

图 8-82 磁各庄站一体化交通方案

②航空客流分布。

从客源总量分布而言,朝阳、海淀、中心城区为主要客源产生地;从客流强度分布而言,海淀和朝阳客流强度明显高于其他地区;从草桥航站楼分方向交通量而言,北部及东部为主要客流来源(图 8-83)。

(2)统筹考虑出行需求的意愿调查和需求管控测算接驳分担比。

2018 年 7 月,为新机场运营及新机场线开通提供更优质的服务,充分了解新机场线客流出行意愿,特在运营开通前组织开展《新机场线一期工程出行特征调查》。共收回 4315 份有效问卷,结合问卷得到基于出行意向的接驳比例。调查问卷如下:

> ①您去新机场一般从哪个区出发?
> A. 西城区 B. 东城区 C. 海淀区 D. 朝阳区 E. 丰台区 F. 大兴区 G. 石景山区 H. 房山区 I. 顺义区 J. 昌平区 K. 怀柔区 L. 密云区 M. 平谷区 N. 通州区 O. 门头沟区 P. 延庆区 Q. 亦庄开发区 R. 天津 S. 河北 T. 其他

图8-83　草桥站各方向客流分布

②您从何处来到机场？
　A.家　B.酒店　C.单位　D.学校　E.其他
③您一般去机场的目的？
　A.因公出行　B.旅游　C.探亲　D.求学　E.其他
④您去新机场将倾向于采取的交通方式？
　A.轨道交通　B.机场公交　C.旅游团公交　D.自驾　E.小汽车　F.巡游出租汽车　G.公交车　H.网约车　I.其他
⑤若您选择新机场线草桥站去往新机场，您会采取哪种接驳方式？
　A.轨道交通　B.小汽车　C.巡游出租汽车　D.网约车　E.非机动车　F.公交车　G.步行
⑥若您选择小汽车接驳去草桥站，您倾向于选择哪种停站方式？
　A.别人送，即停即走　B.自己开车去，停在停车场，回来再取
⑦若您从新机场回，倾向于选择哪种交通方式？
　A.轨道交通　B.机场公交　C.旅游团公交　D.自驾　E.小汽车　F.巡游出租汽车　G.公交车　H.网约车　I.其他
⑧若您乘坐轨道交通从草桥站出来，您倾向于选择哪种交通方式接驳？
　A.轨道交通　B.小汽车　C.巡游出租汽车　D.网约车　E.非机动车　F.公交车　G.步行

图 8-84　草桥站一体化设计方案

(3)车站的交通接驳设施需结合一体化设施突出高标准的特点。

由于草桥站是多线换乘站,且新机场线服务的客源为航空客源,航空旅客对出行接驳环境容忍度较低,为切实提升乘坐新机场线的客源比例,需做好新机场线草桥站的交通接驳(图 8-84)。

草桥站顶板上覆土,恢复城市公园。地下负一层为机场到达厅及轨道交通换乘厅;地下负二层为新机场和 19 号线站台层,两线采用平行站台设置。草桥站交通接驳设施包含:站前广场、非机动车停车场、内部道路、公交停靠站和公交场站、出租汽车和小汽车落客区、出租汽车停车区等。

(4)综合考虑了车站已开通线路的交通接驳设施缺口。

新机场线于 2019 年底开通,10 号线为已开通线路,19 号线预计 2021 年底开通。已开通的 10 号线仅开放北侧 A、B 口,南侧 C1、C2 出入口地下段已实施,但 C1、C2 出入口地面段尚未实施。远期 10 号线既有公交、出租汽车和小汽车接驳设施规模满足该线接驳需求。但非机动车高峰小时需求约 504 辆,而 B 口仅能提供 50 辆,因此本次草桥站交通衔接应考虑增加 10 号线 454 个非机动车需求(图 8-85)。

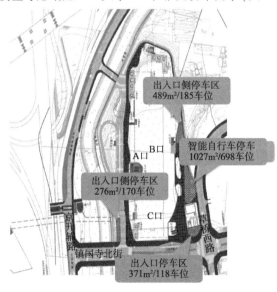

图 8-85　结合 C 口布设非机动车停车场解决部分既有 10 号线的遗留问题

参考文献

[1] 中华人民共和国住房和城乡建设部. 城市综合交通体系规划标准：GB/T 51328—2018[S]. 北京：中国建筑工业出版社，2019.

[2] 杨超. 公共空间治理的顶层设计刍议——以《北京城市公共空间发展纲要研究》为例[J]. 城市发展研究，2021，28(10)：65-72.

[3] 郎嵬，克里斯托弗·约翰·韦伯斯特. 紧凑下的活力城市：凯文·林奇的城市形态理论在香港的解读[J]. 国际城市规划，2017，32(03)：28-33.

[4] 张聪，王晨. 上海公共交通发展困境及对策思考[C]//2016年中国城市交通规划年会论文集，2016：1369-1377.

[5] 上海市城乡建设和交通发展研究院. 2020年上海市综合交通年度报告[R]. 上海：上海市城乡建设和交通发展研究院，2021.

[6] 北京交通发展研究院. 2020北京市交通发展年度报告[R]. 北京：北京交通发展研究院，2021.

[7] 王若琳. 上海市共享单车的用户特征分析及其与公共交通发展关系浅析[J]. 交通与港航，2017(6)：47-52,80.

[8] 白云云，刘向龙，黄悦. 共享单车对北京市轨道交通运营管理影响研究[J]. 都市快轨交通，2018(3)：119-121.

[9] 张鑫，崔旭川，史芮嘉，等. 北京如何做好轨道交通接驳之规范需统一[R]. 北京：北京市城市规划设计研究院，2018.

[10] 吴亮. 轨道交通枢纽站域步行系统适应性理论与方法研究[D]. 大连：大连理工大学，2018.

[11] 吴亮，陆伟，张姗姗. "站城一体开发"模式下轨道交通枢纽公共空间系统构成与特征——以大阪-梅田枢纽为例[J]. 新建筑，2017(06)：142-146.

[12] 陈瑞刚，李瑶. 北京市既有轨道交通线路站点一体化更新改造策略[J]. 城乡建设，2020(19).

[13] 曹寅. 基于流速测量的站前广场智能排水系统模型的设计[J]. 智能建筑与智慧城市，2017,000(005)：40-41.

[14] 胡志赛. 城市慢行系统高品质建设借鉴新加坡风雨走廊建设——借鉴新加坡风雨走廊建设[J]. 低碳世界，2015(18)：249-250.

[15] 喻焰.轨道交通站点短途交通衔接与空间对策研究[D].重庆:重庆大学,2018.

[16] 陈鹏宇.苏州轨道交通B+R城市空间整治研究[D].苏州:苏州科技大学,2017.

[17] 吴子啸,付凌峰,赵一新.多源数据解析城市交通特征与规律[J].城市交通,2017,15(04):56-62,90.

[18] 邓进.面向精细化交通规划的交通模型构建及应用研究[C]//交通治理与空间重塑——2020年中国城市交通规划年会论文集,2020:1787—1797.

[19] 张鑫,孔令铮,李亮,等.北京市轨道交通接驳设施实施规划研究与探索[J].交通工程,2017,17(3):1-7.

[20] 边扬.城市步行交通系统规划方法研究[D].南京:东南大学,2007.

[21] 张筑杰.轨道站点周边共享自行车短时需求预测与调度问题研究[D].广州:华南理工大学,2019.

[22] 左绍祥.慢行交通与轨道交通接驳行为选择与优化研究[D].西安:长安大学,2019.

[23] 轨道交通接驳设施设计技术指南.北京市,北京市市政工程设计研究总院有限公司,2014-12-01.

[24] 岳芳,毛保华,陈团生.轨道交通接驳方式的选择[J].都市快轨交通,2007,020(004):36-39.

[25] 鲁鸣鸣,郑林.交通大数据驱动的轨道交通和出租汽车接驳出行规划[J].计算机工程与应用,2017.

[26] 莫海波.轨道交通与常规公共交通一体化协调研究[D].北京:北京交通大学,2007.

[27] 覃矞,宗传苓.轨道交通接运系统规划方法浅析[J].城市交通,2005(05):9-15.

[28] 蒋冰蕾,孙爱充.城市快速轨道交通接运公交路线网规划[J].系统工程理论与实践,1998(03):130-134.

[29] 易中,袁承志.北京轨道交通14号线城市景观分析[J].华中建筑,2010,028(009):112-114.

[30] 牛彦龙.轨道交通时代下营造站域慢行空间重塑都市活力[D].天津:天津大学,2015.

[31] 邢行.轨道交通车站人行设施利用效率评价方法研究[D].北京:北京交通大学,2016.

[32] 宋凯丽.轨道交通枢纽综合体站前广场复合化设计研究[D].北京:北京建筑大学,2017.

[33] 张磊."海绵城市"视角下城市绿地设计方法的探讨[J].冶金丛刊,2018,000(012):14-16.

[34] 胡斌,苏效杰,吕元.北京轨道交通站域地下公共空间体验性分析[J].都市快轨交通,2015(05):68-72.

[35] 刘婷婷,徐峰.地铁出入口广场景观评价体系的分析[J].北京农学院学报,2010,25(4):48-48.

[36] 张彬,叶海飞,徐茜.轨道高架下方城市道路设计实践——以深圳市腾龙路为例[J].城市交通,2020,18(05):83-90.

[37] 贾鑫铭.轨道交通开敞式换乘空间景观优化策略研究[D].重庆:重庆大学,2016.

[38] 胡月,熊志华,徐杰,等.轨道交通慢行交通语言设计研究——以北京西直门地铁站为例[J].物流技术,2012,31(011):20-21.

[39] 张同杰.基于环境行为心理学的轨道交通建筑空间设计研究[J].中外建筑,2020,229(05):127-129.

[40] 方捷,姚敏峰.海绵城市理念下交通站点周边口袋公园设计研究[J].中外建筑,2020(8).

[41] 刘中海.基于海绵城市理念的城市广场景观设计探讨——以鹤壁火车站前广场海绵城改造为例[J].住宅与房地产,2019,540(18):61-62.

[42] 尚光,王明霞.轨道交通出入口景观设计研究——以成都轨道交通为例[J].城市建筑,2020,017(002):110-112.

[43] 宗传苓,覃矞,林群.深圳市轨道交通规划设计管理实践[J].城市交通,2011(03):24-29.